SEULEMENT POUR TOI

© 2021 Roland Girault

Éditeur : BoD-Books on Demand
12-14 rond-point des Champs-Élysées, 75008 Paris
Impression : Books on Demand, Norderstedt, Allemagne

Illustration : Roland Girault

ISBN : 978-2-3223-8794-6
Dépôt légal : Décembre 2021

Note sur l'auteur

Né d'un père français et d'une mère anglaise, puîné d'une fratrie de trois, marié, père de deux filles, Roland Girault est comédien et auteur, membre depuis 2015 de la Cie d'Elizabeth Czerczuck directrice du T.EC. (Théâtre Elizabeth Czerczuck Paris 12è) où il joue régulièrement. Il écrit aussi, depuis l'âge de 18 ans, principalement des poésies restées très longtemps dans un tiroir. Il est l'auteur d'une pièce de théâtre « Psychose » jouée en 1972 et 1973, d'un son et lumière, d'un conte « La Recluse de la Cosnardière ». Il a également réalisé trois reportages vidéo lors d'expositions de peintures à la Galerie Amarica (Paris 8è)

« Seulement pour Toi », premier recueil de poèmes à être publié, est un cri d'amour plein de sensibilité, émouvant, attachant.

Roland Girault

SEULEMENT POUR TOI

Les Rêves ne sont que des Rêves

Woody Allen

Il est des chutes qui servent de point de départ pour monter plus haut.

William Shakespeare

Je suis ce que je suis
Tel que l'Etre qui m'a créé

A voulu que je sois

Infime poussière

Flottant dans l'univers

SEULEMENT POUR TOI

*

Seulement pour Toi

J'ai rencontré
Des gros des minces
Des joufflus des rondouillards
Des ai-je la taille assez fine
Des je suis au régime
des sombres des joyeux
des femmes effacées
des femmes brûlantes
braises d'un soir
des globes trotteurs
des muets des bavards
des tordus des bossus
des généalogistes des golfeurs
des joueurs des buveurs
des êtres déchirés cabossés
des artistes
peintres musiciens poètes
et j'en passe
quel bonheur
Et moi dans tout çà
Me direz-vous en faisant glisser la fermeture éclair de mes
secrets

Seulement pour Toi

Moi
Ah la belle question
L'on me dit un peu allumé
Décalé c'est vrai
En retrait
J'observe
J'épie
Je regarde
Je vous regarde
Pas comme un juge
Non
Semblable à vous finalement
Vos richesses intérieures sont les miennes
Si bien cachées
Pourquoi
J'ai appris
Vous m'avez appris
Tant de choses
Et surtout
Je t'ai trouvée

TOI

Seulement pour Toi

Face cachée sombre et froide
Face ruisselante de lumière
A vous de choisir
Pour moi ce n'est qu'un tout
Je l'ai choisi

Seulement pour Toi

L'oeil du peintre

L'angoisse demeure
Jusqu'au dernier moment
Enfin l'œuvre apparaît
Son regard fiévreux la découvre
Surprenante de vérité
Si proche de son rêve
Son cœur se calme
La tension retombe
La fierté l'envahit
Enfin il peut la parapher
Son amour secret révélé à tous

Seulement pour Toi

Epilepsja

Lunettes noires sur le front
Jean à grands revers
Pieds nus dans des chaussures vernies
toutes cabossées
Grande carcasse respirant bonté et tristesse
Corps bientôt désarticulé
abimé, meurtri par la vie
Un grand cri rauque t'échappe
Le Picador Epilepsja vient de te blesser
Sa lance vrille en toi
La blessure colore ton visage d'un bleu violacé
Tu te débats
Corps torturé
agité de tes souffrances
Genou à terre
Yeux révulsés
Epilepsja
ennemie invisible en toi
Epilepsja
la redoutable
Pourtant
Si grand sur scène

Seulement pour Toi

Rayonnant
Ici colosse diminué
si petit
Epilepsja
mauvaise fille
Epilepsja
Pompiers
Oxygène
Pompiers
Calme
Et
Cette main aux yeux bleus
si douce
si tendre
Souffle fragile
Caresse sur ton visage
T'apaise
te rassure
te fait renaître
Comme j'aimerais connaître cette main

Seulement pour Toi

Les arêtes des murs
lames de rasoir
déchirent la peau

D'une vitrine à l'autre
balle de ping-pong rebondit

Le crissement des pneus de voitures
pilant pour ne pas écraser
le piéton somnambule
ne calme pas la douleur

Seulement pour Toi

Je sortis dans la rue
Elle avait disparu
Je demandais mon chemin
Le passant n'écoutait pas
Il avait disparu
dans la rue
que je ne retrouvais plus
J'ai voulu faire demi-tour
Ma maison n'existait plus
Seul un champ de blé à la place
fauché par un inconnu
Dans les blés une rivière
Elle s'écoulait entre les épis
s'évaporait sous le soleil
que la nuit allait éteindre
Alors je me tournais vers la lune
au pâle visage
ce n'était pas le tien
Il fallait s'y attendre
Un chien dans la rue
celle qui avait disparu
tournait en rond
Il ne trouvait plus la sortie
Le pauvre
Mes mains à force de te chercher

Seulement pour Toi

ne tenaient plus à mes poignets
Le vent les avait emportées
D'un pas mal assuré
de mon pied droit je cherchais le sol
pour ne pas tomber
La lune avait disparu
Le ciel s'était éteint
La nature s'était tue
Soudain
Un grand tremblement
Je faillis tomber
La sueur coulait sur mon front
Une étoile filante
Peut-être une mèche de tes cheveux
Deux yeux dans la nuit
phosphorescents
me regardaient
Etaient-ce les tiens
La pluie s'est mise à tomber
Je ne sentais rien
Elle tombait en dessous de mes pieds
sans chaussures
nus
bleuis par le froid
Curieusement je flottais
Ni bien-être
Ni mal-être
Quelque chose d'étrange
que je ne connaissais pas
Ni faim
Ni soif

Seulement pour Toi

Un grand cri dans le noir
comme un appel
Un appel au secours
Une main blanche déchira le voile sombre de la nuit
puis s'envola
puisque je ne pouvais plus rien saisir
Peut-être était-ce la tienne
Peut-être que ne je n'étais plus rien
Non ce n'est pas possible puisque j'écris
Alors
Alors quoi

Seulement pour Toi

Les bleues volutes montent
disparaissent
au-dessus de la lampe
dont le filament
lampe à pétrole
me fait oublier la fumée
L'encre
encore rouge
devient grise
effaçant le filament
mais me rappelant la fumée
la fumée grise de la cigarette
qui brûle entre mes doigts

Seulement pour Toi

Naissance d'un spectacle

Des corps se désarticulent
souffrent
se tordent
s'envolent
s'écrasent à terre
Hommes femmes
dansent
Danse de la mort
Danse du plaisir
Danse de l'attente
Un chant s'élève
une voix de femme
Un végétarien mange de la viande crue
Un homme fait tourner son ventre
son ventre mastique lui aussi de la viande crue
Lumières sombres
Dessin fresque
Un squelette entre dans la danse
Désarticulé
C'est normal
Nausée

Seulement pour Toi

Haut de cœur
Attente
Attirance
Envie forte
Pressante
Une ombre dans les gradins
Ses tripes les ont rejoints
Elles s'agitent en rythme
En silence il s'en va
Sa drogue lui manque
Quelqu'un
Non personne
Pas aujourd'hui

Seulement pour Toi

L'amour est une fleur vénéneuse
Lentement son poison vous envahit
Sa fragrance capiteuse vous endort
Vos yeux bientôt vont se fermer
La raison s'envoler
Il sera déjà trop tard
Vous aurez rendu les armes

Seulement pour Toi

Gardien des nuits étoilées et des aurores boréales
Gardien des herbes folles sur les bas-côtés des chemins
oscillantes sous la brise légère
Gardien des brumes bleutées
cotons colorés flottants au-dessus des prés
Gardien des gouttes de rosée prisonnières des toiles d'araignées
Gardien de l'aube naissante tapissant l'espace d'une moire chatoyante
Veilleur de nuit sur tes paupières closes et ton visage détendu
Souffle léger sur ton corps au repos
Caresse silencieuse des nuages qui passent
Pas un bruit seulement le frissonnement des feuilles légères
Une rose fraîchement éclose dans ce matin tout neuf
parfum subtil
fait palpiter tes sens endormis
La nuit s'évanouit son gardien aussi
comme la mer se retire découvrant le sable
Les rayons du soleil levant caressent ton corps
qui doucement se réveille
Tes paupières frêles corolles s'ouvrent sur tes yeux
éclairant l'azur de bleu
De ce moment dont hélas il n'est pas le témoin
son imagination folle s'en est imprégné
La muse doucement de ses draps blancs en quitte le tiède cocon
s'évanouit à ses yeux dans la lumière éclatante du jour

Seulement pour Toi

J'étais dans la nuit à crier ton nom
Personne pour me répondre
Nul écho
Nul bruissement
L'onde de mes mots fendait le noir
se perdait dans le dédale des rues
A bout de souffle je me suis assis sur la bordure d'un trottoir
encore chaud du jour écoulé
La tête baissée je voyais un filet d'eau couler sur le bitume
Hésiter s'arrêter
reprendre sa course
longs sanglots d'un géant invisible
L'astre nocturne éclairait d'une lueur froide ces pleurs
inconnus
Mon regard lentement s'en détachait
s'élevait pour observer le phare de nos nuits
aussi mystérieux que les yeux associés à ton nom
aussi mystérieux que le courant qui me traverse
quand je te frôle
Alors le murmure de ta voix
brise légère dans la nuit
doucement me berça
ma peine disparut

Seulement pour Toi

Des rêves naissent
s'envolent
disparaissent
Des rêves vont
viennent
Des rêves franchissent les obstacles
Des rêves se disloquent
s'effilochent
nuages de coton
Des rêves transparents
vite oubliés
Des rêves
souvenirs lointains
Des rêves peuvent prendre racine
mêmes les plus fous
Des rêves meurent à peine nés
D'autres ne s'oublient jamais
deviennent réalité
font partie de notre vie
Des rêves combien en reste-il
Inassouvis
cachés dans les cœurs
impérissables
ne demandant qu'à être pris par la main

Seulement pour Toi

une main douce
celle dont on rêve
en secret
une caresse plus douce que le vent
une main que l'on ne peut oublier
une main qui n'est pas un rêve
puisque tu me l'as donnée

Seulement pour Toi

Combien d'heures
Combien de jours
Une éternité
sans un mot
sans un geste
sans même t'apercevoir
Etranger
pour toi
Tu ne m'as jamais connu

Seulement pour Toi

Une longue plainte dans la nuit
Echarde dans mon cœur
Pourquoi ce regard inquiet dans l'entrée
Non tu ne m'attendais pas
Ce volcan intérieur m'oppresse
Je voudrais crier, hurler
Etre l'eau de ton bain
le vent sauvage dans tes cheveux,
caresse furtive
Etre le sang dans tes veines
l'air que tu respires
La pluie brouille mon regard
Paris est gris
Les cendres du volcan linceul de mon âme
crissent sous mes dents
Chien fidèle couché à tes pieds
guettant une caresse
Chien rebelle
enragé d'amour
Je hurle je crie
Je me déchire
Mes cris s'envolent
se diluent dans la nuit
arriveront-ils seulement jusqu'à Toi

Seulement pour Toi

Pourquoi faut-il dans la vie
que la femme que l'on aime
ne soit pas celle qui vous aime
La brûlure de ton corps
dans mes reins
Tes seins
menus et fiers aux bouts pointus
me tourmentent
Douce et dure à la fois
tu m'as fait comprendre que tu avais compris
que je suis épris
toi non
Hélas
La tristesse m'enveloppe
La dame de cœur s'éloigne
Pourtant je continue à t'aimer
Tes cheveux
Algues légères
Ondulent sur la mer de mes rêves

Seulement pour Toi

L'attente
Lente
Dure
très dure
Comment oublier
Le jour
La nuit
Plus encore la nuit
Seul
 Les yeux ouverts
Fantôme
Non
Tu n'es pas que fantôme
Ecran vide
Téléphone muet
Faut-il attendre
Pourquoi
Attendre toujours
Attendre quoi
Attendre rien
Attendre
Attendre mal qui le ronge
Nul espoir
Nul
D'ailleurs que veut dire espoir

Seulement pour Toi

Le film est monté à l'envers
La fin est connue
Alors pourquoi
Pourquoi s'entêter
Parce que
Parce qu'il t'aime
Parce qu'il est fou
Fou de Toi
Déraisonnable
Espérant
l'inespéré
Un signe
Un geste
Ou peut-être rien
Tu comprends poète
Rien

Seulement pour Toi

Une main qui se tend
Deux regards qui se croisent
Deux corps qui se frôlent
La fièvre soudain embrase son corps

Seulement pour Toi

Il pleure de sommeil
des larmes d'étoiles ternies
Dans sa bulle de verre
recroquevillé
Pas de neige dans la boule
Un tapis de cendres
Un violent séisme inconnu de Richter
Faille profonde
située loin d'ici
Le calme revient
La cendre retombe en petits flocons
Seulement une petite réplique
lorsque que tu tournes ta main
approche ta tête
un sourire moqueur aux lèvres
Comme tu es stupide petit poète
Ne m'aime pas
Danger
L'air lui manque
Ses yeux implorants
Ses suppliques
Rien n'y fait

Seulement pour Toi

rien
Tu reposes la boule
Déjà elle est partie

Seulement pour Toi

Une licorne bleue chevauchée par une amazone aux seins blancs galopait sur la chaussée humide de mes pleurs

Seulement pour Toi

Saoul
Complètement saoul
Amour
Lama chante à la télé
Une île
Une île c'est toi
Un chien boit du lait
dans une tasse
sur une chaise
Une cigarette tombe de sa chemise
qui s'ouvre
pas la chemise
la cigarette
Non la chemise
pas la cigarette
Sortie d'un café
Rue traversée
Hôtel
Escalier
Miteux
l'escalier
Un lit
Qui tangue
Dangereusement le lit
Amour

Seulement pour Toi

Tu n'es pas là
Encore la télé
au loin
comme toi
Tout tourne
Sauf l'heure
qui n'en finit pas
de tourner
Tourne la tête
Passe le temps
Vide mes pensées
Tu es là
Pas là
Je ne peux oublier
Ton absence
présente
Saoul
Oublier
Dormir
Je ne peux pas
Nausées
Je suis bien las
bien las
pas là du tout
Dormir
Dans tes bras
Non je suis saoul
Je divague
Demain tu ne seras pas encore là
La terre ferme n'est plus
elle se dérobe sous mes pieds

Seulement pour Toi

La terre
pas mon amour
Tes bras
Tes mains
Tes caresses pour me calmer
Tes lèvres pour m'apaiser
Le sommeil m'engourdit
Me rapproche de toi
Mais tu n'es pas là

Seulement pour Toi

Libre

Libre a-t-il un sens
Peut-on vraiment être libre
dans ce monde qui vous agresse
Etre libre en ne blessant personne
Libre de ses gestes
Libre de ses paroles
Libre de son passé
si lourd
Libre d'aimer
Libre de t'aimer
Libre des conformités
Libre de cette peau qui vous étouffe
Libre de vivre nu
Libre d'être libre
Libre à travers la mort
Libre après la mort
Libre
Utopie
Réalité
Libre

Seulement pour Toi

Requiem pour les artistes

Silence
Soudain
Le rouge et le bleu se mêlent
Lentement des silhouettes masquées se tournent
Les masques blancs se colorent
comme si le sang des vivants affluait à leur surface
La vie est là derrière les fenêtres
sous leurs yeux
Dans une longue procession
Angoisses et peurs se mêlent à l'envie et aux rêves
Peut-on renaître
Corriger ses erreurs
Eternelles questions
que se pose chaque être
vivant ou mort
Le voyage commence
La danse
La mort
La guerre
Les souvenirs sur les bancs de l'école
Un pan de vie refait surface
propre à chacun
Le violon chante

Seulement pour Toi

Le violoncelle pleure
L'accordéon les rassemble
Une femme
dans l'ombre
s'angoisse
C'est elle le vrai chef d'orchestre
Merci Madame
Bravo
Continuez
Encore et encore
Dans votre monde si fragile
A nous faire partager votre passion

Seulement pour Toi

Vivre

La musique bat
tube au néon
Elle sert de fond à son cerveau
embrumé
Dans les boues de l'inconscient
une lueur se débat
pour assécher ce marais noirâtre
où plus rien ne pousse
lande déserte
Le vent du large a déserté ce coin
sauvage
Plus de chant d'oiseau
Plus de fête
Ici danger
sables mouvants
Personne ne s'arrête
Il ne peut s'évader
prisonnier de cette terre
A moitié enlisé
Il se débat pour ne pas sombrer
Au secours il se noie
L'air lui manque

Seulement pour Toi

Il veut vivre
Le coin est devenu désert
Personne ne s'y aventure
Au-secours
La barrière de l'invisible
a clos à jamais cette île perdue
dans un océan sans limite

Seulement pour Toi

Mon verre d'eau est vide
Le caniveau est asséché
La bouche d'égout a soif
La source est tarie

Un grain de sable s'envole
La terre se recroqueville
Sa peau se fendille
D'énormes crevasses la fissurent

Le vent chaud se fatigue
Les nuages s'évanouissent
La branche d'arbre est immobile
Plus de chant d'oiseau

Atmosphère lourde et sèche
Silence lourd
Fardeau pesant
L'orage ne devrait plus tarder

Seulement pour Toi

La myrte et le romarin
La tiédeur du matin
La douceur de tes mains
Marteau dans la tête
Des enfants chantent au loin
Innocents
Les barbelés rougissent
colorent les coquelicots
Un baiser volant
Mon front le réclame

Seulement pour Toi

Matka

Quel lieu étrange
Ne trouvez-vous pas
Lumière tamisée
Herbe verte
Plan incliné
Un trio musical donne le ton
Un spectateur mécontent
Non c'était un acteur
Puis
Elle apparaît en haut de l'escalier
Matka
La Mère
La magie opère aussitôt
Elle a affreusement mal
Comme si elle était étouffée
Vieillie
Alcoolique et toxicomane
Le manège est en route
Un Léon dépravé
Des danseuses se démultipliant dans des miroirs
déformants comme la vie
Les tambours de la mort résonnent
Un narrateur interprète

Seulement pour Toi

Des spectateurs qui deviennent acteurs
eux aussi
De petites souris noirs les invitent
à traverser l'espace scénique
Désespoir
Espoir
Résurrection
Matka jeune femme
Toute de blanc vêtue
Léon tu ne me reconnais pas
dit-elle
je suis enceinte de toi
Un soldat sort en rampant du dessous des gradins
Léon voici ton père
Nous n'avons plus de mots
De paroles inutiles
Chavirés
Emus
Nous murmurons
Merci
Quel spectacle
Peut-être celui que vous avez le plus réussi

Seulement pour Toi

Les projecteurs de la covid se sont allumés
diffusant l'infâme virus
Ceux du théâtre se sont éteints
Le paquebot sans lumière
s'enfonce dans l'obscurité
Seule une petite poignée de fidèles marins restés à bord
presqu'invisible auprès du capitaine
tente tout pour le maintenir à flot
Le silence règne en maître
là où la musique
la danse
les paroles
les rires
les larmes et les applaudissements
envahissaient la nef
Seul un frêle ravitailleur
lorsque le temps le permet
s'approche prudemment
apportant quelques vivres
A l'embarcadère quelques affiches
donnant l'espoir d'une aube lointaine
Dans la capitainerie la croyance est toujours là
et l'espoir
l'espoir de voir la fin de ce tsunami
de faire repartir les machines

Seulement pour Toi

d'illuminer à nouveau ce magnifique vaisseau
de recommencer ses escales
Monteront à bord de fidèles passagers
ou des inconnus curieux de découvertes
Nous pourrons alors partager avec eux nos rêves et fantasmes
Et entendre à nouveau le bruissement des spectateurs

Seulement pour Toi

	Sous le soleil éclatant
	la vie renaît
	La sève bouillonne
	dans les frêles rameaux

	Mon âme lentement purifiée
	se plaît à sourire
	au printemps annoncé

Seulement pour Toi

Dementia Praecox

Un radeau de survie à la dérive sous un ciel au plafond éclaté
laissant tomber des gaines de fils électriques
de tuyaux inutiles
Dans le vide de l'espace pendent lamentablement des
morceaux de laine de verre
Plafond dénudé ayant perdu son double
La folie s'empare du lieu
Tuyaux métalliques étincelants
Projecteurs abandonnés
Meubles recouverts de sacs plastique
Radiateur démonté
Papier arraché
La tornade folie emporte tout sur son passage
Discours désarticulés
Ego démesuré
Tout explose
Dementia perd-elle son âme
sûrement pas
Une église proche sonne la messe
Raison dans la folie
La folie poussière
Odeur de peinture

Seulement pour Toi

Scie vrillant les tympans
Le tramway avance
Le radeau aspiré par cette folie dévale un escalier
débouche dans une salle immense
lieu de culte
Plafond noir
gaines métalliques scintillantes
Sous ce ciel assombri
bientôt va éclater la lumière des projecteurs
Il ralenti sa course
un moment de répit
Des oiseaux surgissent
Des voix s'élèvent
Corvée de patates
Un chant décalé
le diable
Méphisto
vite emportée
La danse reprend
la folie aussi
La visite continue
Les journaux
Un psychiatre fou
et ses piqures
Lentement la mort approche
Déjà la guerre
Retour à l'enfance
Rires
Désespoir
Cahots
Vide

Seulement pour Toi

Pleurs
Le radeau s'est échoué
sur les rives du T.E.C

Seulement pour Toi

Le sommeil me manque
Douce torture
Le sommeil me manque
Ta présence aussi
Le sommeil me manque
Tes yeux dans la nuit
Le sommeil me manque
Drogue douce
Le sommeil me manque
Mon amour
Le sommeil me manque
Nuit sans étoile
Le sommeil me manque
Terriblement absente
et présente à la fois
Ange de mes nuits
Tes mains
Ton sourire
Tes yeux
La douceur de ton visage
Charmeuse
Je ne dors plus
Je ne dors plus
Le sommeil me manque
Je cherche dans le noir

Seulement pour Toi

Tes bras
Ton corps
Tout s'évanouit
Le sommeil me manque
Combien de temps vais-je tenir
Le sommeil me manque
Tu sais

Seulement pour Toi

Amour toujours aussi grand
Aurore boréale
Lumière de son âme
Tu ne cesses de le faire rêver

Seulement pour Toi

Tu es ma luciole
Dans la nuit riante
je te suis pas à pas
Le jour mes mains pleurent
des larmes de sang
Un soleil noir déteint sur mon âme
Les oiseaux bleus perdent leur couleur
L'herbe rouge n'est plus comestible
Mon corps se décompose
offert aux corbeaux
Quand la nuit étincelante revient
les arbres se parent de jaune
Léger je flotte dans les airs
survole un petit pont
L'étrave de mon amour fend la nuit bleue
Luciole phare de mon cœur
luisante au pied du sophora
Je nage vers toi dans les eaux phosphorescentes
du bonheur
Je marche sur un chemin de terre rose
Les morts ressuscitent
se dressent dans leur habit de lumière
se reflètent dans les eaux d'un bassin
La musique éclate
venue de nulle part

Seulement pour Toi

ruisselante sur le bleu de mes yeux
Luciole aux couleurs d'arc-en-ciel
Luciole feu d'artifice
Luciole chère à mon cœur
puisses-tu briller nuit et jour
sur ce lit de pervenches
jusqu'à ma mort
et bien après

Seulement pour Toi

        Si je devais nommer la folie
        Je lui donnerais ton Nom
        Si je devais la définir
        T'aimer
        Tout simplement

Seulement pour Toi

La douce brûlure du soleil sur ma peau
Peut-être la ressens-tu aussi
Assise comme moi les yeux mi-clos
Le soleil ruisselant sur ton visage
Pont éphémère entre nous deux

Seulement pour Toi

Les Inassouvis

Une bande de gaze toute emmêlée
Il l'étirait
La lissait
Pour mieux l'enrouler
Les souvenirs y sont imprimés
L'art ou la vie
Doucement une danseuse aux mains expertes
emmaillotait son crâne
Puis la tête toute entière
masquant sa bouche
pour faire taire la vérité
Vérité si dure à trouver
Vérité si dure à entendre
La seule la vraie
Celle de l'âme
Se souvient-on qu'elle existe
Là si proche
Nous ne pouvons la toucher
Mais elle est bien présente
Il suffit de lui parler
surtout de l'écouter
Elle est si riche notre âme
Quel magnifique spectacle

Seulement pour Toi

Au matin une rose au cœur trop plein de rosée
se penche laissant tomber une goutte
de ce précieux liquide
dans ton œil
le gauche
celui du cœur
Mêlée d'une larme elle glisse doucement sur ta joue
tombe dans mon verre
Ebloui je bois ce doux nectar
découvre ton âme
Me voici transfiguré

Seulement pour Toi

Mon amour et mon nez se sont fracassés contre la porte vitrée
Rien
Que le silence
L'amertume telle un poison lentement envahit mon corps
La fête est finie

Seulement pour Toi

Le vent de la tempête s'est levé
Le sable crisse sous les dents
Dis-moi
Pourquoi ce vent

Seulement pour Toi

Des jours sans soleil
Des nuits sans lune
Mon cœur sans Toi
Amour
J'ai mal
Peur de te blesser
De nous faire du mal
Pourtant
Tu me manques
Te prendre dans mes bras
Baiser tes lèvres
Caresser ta peau
Te regarder
Tes yeux rieurs
Tes yeux tristes
Ton corps si mince
Ta présence dans la nuit
Tu marches sous mes paupières
Je ne veux les ouvrir
de peur de te voir disparaître
Savoir ce que tu penses
Crainte de t'importuner
Est- ce que je t'importune
Dis-moi
Alors je serai seul à lire ce que j'écris

Seulement pour Toi

Dans la boue des caniveaux
Un myosotis et un coquelicot se côtoient
Au loin un tas d'immondices se fait tout petit
se prend à rêver
Serai-je un jour moi aussi couvert de bleu et de rouge

Seulement pour Toi

Sarah Kane

Aliéné par la vie
Ces barreaux
La lumière blanche
crue
crue comme sa chair
Ces murs lissent
capitonnés
immaculés
Avant d'être lobotomisé
il arrache des lambeaux de chairs
rouges
Les murs se teintent
de ces lambeaux
Quelle toile sanguinolente
Des doigts crochus fouillent son crâne
Un jus noir en ressort
projeté sur les murs
le noir se mêle au rouge
Sang rouge
Jus noir
Rouge noir
Noir rouge
Sarah

Seulement pour Toi

Sarah
Dis-moi
Sarah
Dis-moi
Les lacets
Cela fait mal

Seulement pour Toi

La marée redescend
Elle emporte les cauchemars
Les maux et les douleurs

Seulement pour Toi

Tu es venue sans faire de bruit
As poussé la porte sans frapper
posé tes bagages
sans rien dire
D'un coup d'œil l'endroit t'a plu
Tu t'es approprié l'espace
Comme chez Toi
Hémisphère droit
Hémisphère gauche
Tu as squatté mon cerveau
C'est pourquoi je te vois
t'entends marcher la nuit
Tu défiles sur chacune de mes rétines
la nuit
le jour
Pourtant tu me manques tellement

Seulement pour Toi

Le ciel cyrénéen laisse tomber ses pleurs
Baume cicatrisant
Sur les plaies béantes
D'un théâtre exsangue et à genoux

Seulement pour Toi

Dans le champ la vache rose est devenue grise
Elle ne meugle plus
Dans le pré le cheval bleu est devenu gris
Il ne hennit plus
Sur la branche le merle blanc est devenu gris
Il ne siffle plus
La grenouille rouge est devenue grise
Elle ne coasse plus
L'âne vert est devenu gris
Il ne brait plus
Le hibou violet est devenu gris
Il n'hulule plus
Les animaux sont devenus tristes
Ils sont muets
L'herbe orange est devenue grise
Elle est immobile
Les arbres mauves sont devenus gris
Ils ont la tête baissée
La nature est en pleurs
Ses larmes sont grises
Les joues rouges du paysan sont devenues grises
Il est muré dans son silence
La robe de la mariée est devenue grise
Plus de fête notre rayon de soleil s'est absenté
J'ai froid

Seulement pour Toi

Le prisonnier de la covid tourne en rond
s'ennuie
se masque toujours
Pas de sortie
Ni théâtre
Cinéma
Le prisonnier de la covid tourne en rond
Poisson dans son bocal
Longeant les façades des immeubles muets
Rues désertes
Fantômes glissant sans bruit
Hébété le prisonnier de la covid tourne en rond
Que de temps perdus
Vieillesse volée
Solitude forcée
Des souvenirs
Pour combien de temps
Le prisonnier de la covid tourne en rond
Passent les minutes
Les heures
Les jours
Les nuits
Les mois
Le prisonnier de la covid ne tourne plus en rond
Las il s'est pendu ce matin

Seulement pour Toi

Plus rien
Un vide
Silence lourd
Ciel gris
Angoisse
Ennui
Téléphone muet
Ecran noir
Regard vide
Amertume
Froid
Chaos
Ville morte
Pas une larme
ni un sanglot
Terre brûlée
Pourquoi
Quel gâchis
Plus rien ne brille
Le soleil
Son soleil
Est caché
Tout a disparu
A qui la faute
Communications coupées

Seulement pour Toi

Plus qu'un monologue
Son cerveau se délite
Crier
Crier
Reviens reviens
La petite fille s'est-elle moquée du petit garçon
Non il s'était trompé
Les rêves vont parfois trop loin
Dessaoulé brutalement
L'imaginaire
liane volubile
l'a emporté trop loin
Le navire se redresse
La tempête n'en a pas eu raison
Au loin le ciel s'éclaircit
Le bossu se redresse
Le chagrin s'évacue
Le regard brille
Le boiteux ne boîte plus
il a jeté sa canne

Seulement pour Toi

Un pas résonne
ce n'est pas le tien
Une voix dans la rue
ce n'est pas la tienne
La pluie lave les trottoirs
mais ne lave pas mon âme
n'emporte pas mes pensées
au loin
vers la mer
Elles restent présentes
Longue est l'attente
Sens éveillés
Cœur serré
La pluie a cessé
Rien ne bouge
Soudain tu apparais
resplendissante
Troublé
je suis resté sans voix

Seulement pour Toi

Etrange coïncidence
Ton message hier soir
L'azur ce matin
fendu par les martinets revenus
Coïncidence

Seulement pour Toi

Bientôt les mimosas vont fleurir
Un avant-goût de printemps
Ce n'est que janvier
Du béton ils vont égayer la façade
Une lumière dans la grisaille de l'hiver
D'un soleil trop souvent absent
ils vont remplacer les rayons
Un merle chaque jour
vient guetter le feu d'artifice
Un coin de méditerranée dans Paris
Tous les balcons devraient avoir des mimosas
Paris serait plus gai l'hiver
Voilà une loi qui devrait être votée
Faire sourire nos vies et nos cœurs
Calmer l'agressivité des Parigots
Le mimosa famille des fabaceae
Le mimosa et son parfum
Le mimosa
Acacia dealbata
Aimes-tu le mimosa

Seulement pour Toi

La brûlure sur mon bras
si forte si violente
éclair transperçant ma chair
irrigant le système nerveux
cerveau anesthésié
cœur irradié
Pourtant
elle n'a pas marqué ma peau
L'éclair fulgurant a juste laissé des traces
internes
invisibles aux yeux curieux
des autres
pour que je me souvienne
et n'oublie pas ta main
aux doigts si fins
Une minute de bonheur
gravée dans ma chair
rien ne pourra l'effacer
Le jour où mes yeux se fermeront
je l'emporterai avec moi
Comme un dernier baiser
qui m'accompagnera dans la nuit

Seulement pour Toi

La nature se fait lointaine
Seule apparaît la tristesse des trottoirs
Ton visage éclate sous la pluie
soulignant ton absence
d'un arc en ciel voilé
tapis de neige sale
collant à la peau
Les nuages de l'ennui
ont masqué l'astre de feu
Dans mes yeux
nage ton corps
Mes lèvres cherchent ta peau
Ta voix fait mal
de raisonner dans ma tête
nulle gomme ne peut l'effacer
Rien
Rien que le silence angoissant
étreignant mon cœur

Seulement pour Toi

L'angoisse a disparu dans cette bouffée d'air frais
Deux jours d'absences se sont désagrégés
Les murs gris deviennent lumineux
Au bout d'une ficelle flotte un cœur joyeux
Les enfants rient
racontent des histoires
Le bossu se redresse
Les larmes de pluie s'évaporent
Deviner pourquoi
Instant furtif
Soleil éclatant
Cris stridents des martinets
Il est heureux
Deviner pourquoi
Entre deux nuages elle est apparue
Heureuse
détendue
Il n'en fallait pas plus
Maintenant vous avez compris pourquoi
Pourquoi il est si léger
Pourquoi il valse dans sa tête
Il est
Devinez

Seulement pour Toi

Que serait la vie sans passion
La passion d'observer
La passion d'écrire
La passion du théâtre
La passion de la musique
La passion de peindre
La passion de la voix
La passion d'aimer
La passion de t'aimer
La passion de vivre
De vivre ses passions
Quelle tristesse que ceux qui n'en ont pas

Seulement pour Toi

Plus je veux m'éloigner de la réalité
Plus elle paraît grossie par un miroir
S'éteignent les lumières d'un soir
S'évanouit l'immortalité
Seul comme un enfant dans le noir
Privé de vitalité
J'appelle mon amour
Mais rien alentour
Idée folle
Reviens

Seulement pour Toi

Douce la brise sur mon visage
Caresse venue de nulle part
D'un pays que je ne connais pas
Souffle léger plein de mélancolie
Tiède dans la nuit qui tombe
Manteau léger sur mes épaules
Je me prends à rêver à rêver
D'horizons que je ne connais pas
Loin du bruit
du tumulte
D'un corps que je découvrirais
allongé dans l'eau transparente
d'une mer appelée Nostalgia
Dans laquelle se jettent tel un fleuve
tous mes rêves les plus fous

NOSTALGIA

Seulement pour Toi   Nostalgia

L'espérance folle dérive lentement vers la désespérance et ses flots tumultueux traversés par des ombres aux formes incontournables
Alors les interrogations reviennent avec leur cortège de terre noirâtre de fumée grise enveloppant les âmes perdues aux semelles de plomb
Nulle lumière éclatante pour montrer le chemin dans le dédale de leur mémoire vacillante
Il fait si sombre
Les rêves se sont envolés ne laissant plus que des empreintes éphémères
Lentement la vie s'efface déposant le sel des espérances d'un amour impossible sur les rives du fleuve Nostalgia
Les yeux desséchés aux larmes évaporées scrutent en vain l'horizon
Fol espoir
Fol espoir

Seulement pour Toi

R-exit

Garder le silence
Pas de téléphone
Aucun SMS
Muet
Pas un geste
Transparent
Ne plus exister
Envolé
Evaporé
Pour seul allié
la solitude
Egoïste
Perdu
Chien errant
Nausée
Insomniaque
Pas de caméra
ni d'ordinateur
seule ma peine
le mal que je te fais
ce n'est pas sûr
j'ose l'espérer

Seulement pour Toi   Nostalgia

Perdu
Noyé
Que de vide
Vie de déshérence
Goût amer
Tout est cassé
perdu
Pantin désarticulé
J'ai mal

Seulement pour Toi

Minuit l'orage éclate
La pluie tambourine sur le toit
La montagne s'illumine par intervalle
A la fenêtre je rêve
seul
Un mot qui me devient familier
Un flash illumine le ciel
J'ai cru te voir cachée dans l'ombre
Ma tête ne m'appartient plus
Une brume s'y est installée
Le sommeil me fuit une fois encore
Le tonnerre gronde
Les éclairs fusent
La pluie redouble
Ton absence aussi
L'orage s'éloigne
enfin
Il est trois heures
Dormir
Je m'allonge
ferme les yeux
Ton visage danse sous mes paupières
Je somnole
Sept heures
Je me lève

Seulement pour Toi   Nostalgia

La journée sans heurt
se déroule
La tête lourde mes yeux se ferment
Trop tôt ou trop tard

Seulement pour Toi

Recherche de « E » comme électron

Comment rechercher des « E »
Quelques conseils utiles
Allez chez votre coiffeur pour une coupe très courte
Munissez-vous d'un ouvre-boîte ou d'une mini scie électrique
d'une bonne ventouse
d'un compas
d'un mini aspirateur
d'une pince à épiler
d'une bande suffisamment grande
d'une loupe cela peut-être utile
et d'un scalpel bien affuté
Enfin faites-vous aider si nécessaire
J'oubliais
un miroir multiface orientable
Tracez à l'aide du compas un cercle sur le dessus de votre crâne
A l'aide du scalpel décollez prudemment le cuir chevelu en suivant le cercle
Lorsque le dessus du crâne est bien dégagé fixez la ventouse au milieu
Choisissez l'ouvre-boîte ou mieux la mini-scie électrique
D'un geste précis découpez la calotte crânienne en suivant le cercle tracé

Seulement pour Toi   Nostalgia

Retirez la calotte crânienne en tirant avec précaution sur la
ventouse
Posez le tout sur votre plan de travail
Maintenant commencez la recherche des « E » disséminés dans
votre cerveau
A l'aide du mini-aspirateur il est facile d'en aspirer la plupart
Saisissez-vous de la loupe et de la pince à épiler
Certains « E » sont bien cachés
Extirpez- les un à un
Vous vous sentez plus léger
Reposez la calotte crânienne à sa place
Maintenez-la fermement d'un doigt et retirez la ventouse
Ensuite rabattez le cuir chevelu sur le dessus de votre crâne
Recouvrez le tout d'une bande pour maintenir le tout en place
N'hésitez pas à faire plusieurs tours en passant par le menton
Voilà l'opération est terminée
Ce n'était pas si difficile
Qu'en pensez-vous
Est-ce qu'ils sont toujours là
Croyez-vous vraiment qu'ils se soient éloignés
partis à jamais
Non
Non ils sont toujours présents
Personne ne pourra les chasser
Noctambules ils continueront d'éclairer vos nuits blanches

Seulement pour Toi

Le ciel gris vient de se déchirer
Un rayon de soleil apparaît
tant attendu
tant souhaité
Une musique s'élève
bien connue
mélodieuse
chantante
Une voix reconnaissable entre toute
Ta voix
Je m'étais promis de ne pas répondre
J'ai couru pour décrocher
J'ai accepté de venir à ta soirée
Je m'étais promis de refuser
Maintenant j'attends
J'attends ton doux chant
J'aurais voulu que tu me parles des heures
Mais j'ai bien senti que tu voulais être brève
Ma vie quotidienne me pèse
Que d'interrogations
Que d'attentes
Le chien me tient compagnie
En manque d'affection
je le caresse
cela me calme

Seulement pour Toi   Nostalgia

Les combien de temps
quand
pourquoi
peut-être
je ne sais pas
possible
impossible
m'assaillent de toute part
Te voir voilà ce que je désire
Simplement te voir

Seulement pour Toi

Cette voix
Valse qui m'entoure
Murmure à d'autres
Des mots plus doux
Des soupirs que j'ai connus

O comme j'aimerais
De nouveau
L'entendre chanter

Seulement pour Toi   Nostalgia

Un éclat de lumière dans l'entrée
Tes cheveux défaits
Tu resplendissais dans ta robe d'été
Heureuse
éclatante de beauté
Telle une fusée tu es partie
Quel dommage
Je n'ai pu guère en profiter
Quel spectacle
Que du bonheur
Après ton départ l'ambiance est retombée
Bien que je sois encore chez Toi
baigné de ton atmosphère quotidienne
J'ai retrouvé tous les objets familiers
le tableau bien sûr
ton petit désordre
L'orchidée
est-elle fanée
Elle semblait absente de la table
Il faudra la remplacer un jour
si je reviens
une autre fois
Une autre fois
Peut-être
Si tu m'y convies

Seulement pour Toi

Dans la rue mes yeux se sont mouillés
en partant
Pour samedi je ne sais pas
Pour samedi

Seulement pour Toi   Nostalgia

Je passais sur le trottoir opposé
L'instinct me fit retourner
Rayonnante tu m'as fait signe
Tu portais
tu portes une lumière en Toi
Une lumière de bonté
Une lumière qui me bouleverse dès que je te vois
Eclairant mon chemin
Combustible de mes jours
de mes nuits
Comme j'aimerais avoir ta foi

Seulement pour Toi

Les jours passent
Rien ne change
Ses tourments intérieurs sont les mêmes
Pourtant que sont-ils
Rien face aux évènements récents
Tu mènes ta vie
bien loin de la sienne
Tu vis
Il se morfond
La route sinueuse semble interminable
Son cœur se serre à chaque tournant
Peut-être va-t-il t'apercevoir
Rien qu'un mirage
un espoir déçu
La tête lui tourne
Sa vue se brouille
Il titube
A soif
Délire
Appelle
T'appelle
L'entends-tu
Où est-il
Nulle part
Perdu

Seulement pour Toi   Nostalgia

enlisé dans ses incertitudes
Bien sûr tu ne penses pas à lui
Il le sait
Bien sûr il ne veut pas le croire
Tout son être te réclame
Sa vie n'a plus de sens
Drogué
Il est en manque
En manque de Toi
Terriblement en manque
La torture est trop grande
La solitude lui pèse
Que n'es-tu là
Le sol se dérobe sous ses pieds
Il avance pas à pas
avance comme il peut
se bat
Ne l'aime plus
Oublie-la
Tu comptes si peu pour elle
Belles paroles
qui s'envolent aussitôt
Comme l'eau s'évapore au soleil
Le soleil justement
Son rayon de soleil
Toi
Toujours Toi
doux poison
Il coule doucement dans son corps
Il n'a pas l'antidote
Qu'importe puisqu'il le remplit de plaisir

Seulement pour Toi

Qu'importe sa folie
Qu'importe
Pourvu qu'il te voit sourire
Qu'il voit tes yeux brillants
sourire à la vie
Entende ta voix le bercer
Qu'importe sa douleur
Puisque vous allez vous revoir
Un jour
Quand

Seulement pour Toi   Nostalgia

Tout se dilue dans la nuit
Les amours éternels
Les joies et les pleurs

Seulement pour Toi

Asphyxié
Groggy
Hébété
Etouffé
Sonné
Paralysé
KO
Tétanisé
Sclérosé
Déchiré
Comateux
Questions
Pourquoi
Comment
Incompréhension
Déni
Espoir
Désespoir
Stupide
Faim
Soif
Attente
Rien
Vide
Néant

Seulement pour Toi						Nostalgia

Une lame grise déferle
Vague de solitude
Vague de rancœur
Vague de dégoût
Au creux glacial
Cruel et enveloppant
Surgit des profondeurs
Mythe passant pour être détruit
O médite survivant
Regarde autour de toi
Tout n'est que désolation
Tu es seul et tu as froid
Où est le commencement
Tu ne l'as pas connu
Eve a croqué la pomme
A toi le trognon
Les pépins
La saveur amère du péché
Tu es seul
Les nuages se bousculent
Se poursuivent se déchirent
Dans un ciel de terreur
Enfantés par les hommes
Regarde
Regarde ce que sont tes frères

Seulement pour Toi

La terre s'ouvre pour t'engloutir
jambes de femme
au bord de la jouissance-
Mais le délice est absent
Dans peu tu vas basculer
Assailli par tes fantasmes
Seuls ennemis qui te restent sur terre
Tu es seul survivant
Pour combien de temps
Regarde ces ombres mouvantes
qui sournoisement montent en toi
les dents acérées et le regard plein d'envie
Regarde
Elles sont partout
Grouillant dans chaque cellule
Cancer allant te ronger
En une vague immense
Celle que tu vois à présent
Grise et glaciale

Seulement pour Toi   Nostalgia

Doucement la ville s'endort
Les lumières s'éteignent une à une
Des éclairs fusent dans ta tête
L'orage se déchaîne
Le sang bat dans tes tempes
volée de cloches qui résonnent
Bang bang bang bang
La douleur s'intensifie
Ton crâne va éclater
Les yeux fermés dans le noir
tu dois t'allonger
Doliprane doliprane doliprane
mille mille mille
autant de battements
seule pensée
La sueur perle sur ton front
L'orage gronde
se rapproche
Allongée
Tu dois attendre
attendre que cela passe
Une éclaircie
un peu de répit
avant la deuxième vague
plus puissante

Seulement pour Toi

Des larmes perlent aux bords de tes yeux clos
Puis lentement c'est la décrue
L'orage s'éloigne
Tu sombres comme la ville
Dans un sommeil réparateur
Anéanti par la souffrance
ton corps se détend
se relâche
Une douce paix t'envahit
Le calme est revenu
Une main lointaine dans la nuit
se pose sur ton front
Ses doigts te murmurent
Bonne nuit
Dors bien
Petite fille

Seulement pour Toi   Nostalgia

La page blanche me dévore des yeux
Alors rien aujourd'hui
Pas une ligne pas un mot
Un désir profond tenu secret

Non rien qu'une rose trémière sur la colline
Epanouie regardant l'horizon
Tel un phare guidant les bateaux
Elle attend elle aussi

Quelques cumulus blancs
Dans le ciel se promènent
Le chien assis sur le balcon
Attend-lui aussi

Mais quoi me direz-vous
Qu'attendent-ils tous
Les yeux rivés sur le lointain
Secret facile à deviner

Ils t'attendent Toi
Tout comme je t'attends
Depuis des semaines
Les yeux usés brûlés par la fièvre

Seulement pour Toi

Samedi d'avril
Air fleurant bon le printemps
Un homme ému
penché sur son balcon
observait deux petites filles
sortir de son immeuble
La première était revêtue d'un manteau
de couleur bleue tricoté à la main
d'un bonnet sur la tête de même couleur
lui aussi tricoté à la main
duquel s'échappaient de fines boucles blondes
Elle tenait dans sa main droite un cartable d'écolière
dans sa main gauche celle de sa petite sœur
Sa cadette portait un manteau identique au sien
sauf la couleur
 rouge
de même pour le bonnet
rouge
deux manteaux et bonnets en laine
tricotés par une maman
aimante
Seule signe distinctif
une petite paire de lunettes à la monture rouge
elle aussi

Seulement pour Toi   Nostalgia

Sa petite main gauche tenait fermement un cartable d'écolière
Elles ne se sont pas retournées
Pour dire au revoir
trop fières de partir seules à l'école
pour la première fois
L'homme les regarda traverser le passage piéton
avec d'autres personnes
Rempli de joie et d'émotion
il s'empara du téléphone
pour partager ce qu'il venait de vivre
avec leur maman
Bien vite il le reposa
inutile
elle assistait à un congrès
à 900 kilomètres
Dommage

Seulement pour Toi

Dans les premières lueurs de l'aube
Les étoiles s'effacent une à une
Plus rien pour guider mes pas
Puisse ton visage n'en jamais faire autant
Et continuer d'illuminer mes nuits et mes jours

Seulement pour Toi   Nostalgia

Enfin le retour
Le retour tant attendu
Le soleil réapparaît
La chaleur revient
Comment fais-tu pour que le temps t'obéisse

Seulement pour Toi

Le feu couve
Braises bleues
dans une enveloppe rouge sang
Feu insoupçonné transparent
Seules quelques étincelles
dans le regard
Combien de temps la charpente va tenir
Combien de temps l'édifice bleu va résister
Combien de temps avant la folie
Qui est l'incendiaire
Elle ou lui
Qui sera le pompier
Elle ou lui
Ou encore assis tous les deux
main dans la main
regarderont-ils le brasier
ne sachant que faire
Ou trop heureux
de le voir projeter des langues de flammes
chauds rayons dans leurs yeux fiévreux
applaudiront-ils à l'unisson
Mystère
S'aimeront-ils enfin
Mystère

Seulement pour Toi   Nostalgia

C'est l'heure
Tout de blanc vêtu
Lentement il avance vers la mort
Ils ont rendez-vous elle et lui
Il n'a pas peur
Quelque part perdue dans la foule
Il sait qu'elle le regarde
Il sent sa main dans la sienne
Ventre rentré
plexus en avant
tête droite
comme tu le lui as appris
Il marche sans trembler
Ne pleure pas
Nous nous retrouverons un jour
La corde ou une balle
Il ne sais pas ce qui l'attend
Ne pleure pas
Sinon son courage va s'envoler
Ne pleure pas
Ne pleure pas
Ce n'est que du théâtre
Comme la vie

Seulement pour Toi

Une peau douce et blanche
Deux trois grains de beauté
Libres sous la robe d'été
des seins nus blancs eux aussi
En se penchant elle les a dévoilés
Difficile de ne pas voir
même si le regard se détourne
Difficile de ne pas voir
ces deux fruits défendus
Circulez il n'y a rien à voir
L'embarcation tangue
Elle a rompu ses amarres
Lentement elle dérive
sur cette mer de feu
L'Eden tant convoité
lentement s'évanouit
dans les vapeurs de la fièvre qui me tient
J'ai vu mais je n'ai pas cherché à voir
Un mal terrible me ronge
Un mal que je ne peux dominer
Un récif noir et froid vient de déchirer la coque
Lame de rasoir glaciale
Echouée l'embarcation gîte dangereusement
Un manteau de froid tombe sur mes épaules
Hanté je suis par ces deux îlots de sable blanc

Seulement pour Toi   Nostalgia

Si seulement ce frêle esquif s'était échoué entre eux deux
Hallucinations
hallucinations
Le regard se trouble
des éclairs traversent mes yeux
Des points noirs
jaunes
Le lointain se brouille de rouge
Le proche devient lointain
Un mal me ronge
Un mal que je ne peux dominer
Comment en finir
Se laisser glisser dans ces eaux noirâtres
Sans pouvoir te dire au revoir
Sans pouvoir revoir ce que j'ai vu
Lèvres rongées par le sel
Le sel de ta peau que je n'ai jamais connu
Elles ne peuvent plus que murmurer
Adieu
adieu mon amour
Je t'ai tant aimée
Lentement je m'en vais
Un mal me ronge
Un mal que je ne peux dominer
Deux seins blancs que je n'aurais jamais dû voir
qui ne font qu'empirer mon mal
Mal qui me ronge
que je ne peux dominer
Une lueur au fond de ces eaux sulfureuses
Une lueur
bout du tunnel

Seulement pour Toi

Une sirène qui te ressemble m'appelle
Lentement je perds conscience
Les yeux grands ouverts
Aspiré vers le fond
Une femme aux seins blancs m'attend
Souriante et moqueuse
Un mal me ronge
Un mal que je ne peux dominer
Deux seins blancs en liberté
que je n'aurais jamais dû voir

Seulement pour Toi   Nostalgia

Boulevard Saint-Germain
Boulevard Henri IV
Ta main a frôlé la mienne
C'était un accident

Seulement pour Toi

Ciel plombé
Sans vie
Herbe couchée
jaunie
Déficit en pluie
Déficit en sommeil
Déficit en tout
Paupières lourdes
Nerfs à vifs
Etendue de mélasse jaune
Collante
filante
cauchemar de l'enfant
englué
figé
criant au secours
Au secours elle arrive
Elle arrive la sorcière
sa grand-mère
Les tympans vrillés par l'otite
battent à tout rompre
Cette douleur a franchi les années
Ce cauchemar aussi
Ils se mêlent au mal-être
Le passé ressurgit toujours

Seulement pour Toi   Nostalgia

quand on ne l'attend pas
Aucune Dame de cœur pour l'apaiser
Elle n'était qu'un mirage
Une oasis de calme
Une utopie bleue
dans un champ de blé blond
Il cherche sa main
en vain
dans cette brume jaunâtre
percée d'éclairs verts
Dormir
dormir
se réveiller amnésique
tout neuf
léger
prêt à hisser la grand-voile
les yeux brillants, émerveillés
pointés à l'horizon
Joli rêve
flottant sur une mer blanche à l'écume blonde
aux reflets bleutés
Droit devant il regarde
il regarde
regarde
Mais il n'y a plus rien
Plus rien
Qu'une douleur immense

Seulement pour Toi

La Dame du manoir

Drapée dans sa longue robe violine
Les yeux couleur de ciel
Lavés par le sel
La peau couleur de sable
Sur la grève déserte se promène
Egrenant ses souvenirs
Aussi loin que ses chiens se promènent
Solitaire et fatiguée
Quelle allure
La Dame du manoir me fait rêver

Seulement pour Toi   Nostalgia

Vent d'est
Vent de beau temps
Vent d'espoir

Vent d'est
Vent glacial
Vent de désespoir

Vent d'est
Vent d'est
Qu'as-tu fait de ma muse

Seulement pour Toi

Deux plaques tectoniques se heurtent
se croisent
s'éloignent
se rapprochent
glissent sur le magma de l'amour
Les secousses sont violentes
soudaines
Dans une nuit bleue zébrée de jaune
Chaude
Perfusion d'iode remontant les membres
parfumant l'haleine
brûlant la vessie
Un nuage de silence entoure les amants
A travers une brume épaisse et jaunâtre
Un astre noir de ses rayons peine à le réchauffer
Une pluie glaciale ruisselle sur son âme
Les deux plaques dérivent
Hébété hagard il les voit se fracasser
Dans un effort de non renoncement pour les rapprocher
il plante ses doigts dans chacune d'elles
en vain
Ecartelé
A bout de force
Son doux rêve s'éloigne
Inconscient

Seulement pour Toi   Nostalgia

Une eau verte d'amertume
pleine de monstres et de serpents
envahit sa bouche
Dans un ultime sursaut de survie il la recrache
Au loin les lumières de la salle s'allument
Le bruissement de la foule dans la rue
baume calmant sa douleur
se fait entendre
Bientôt les projecteurs vont illuminer ses yeux
Faisant apparaître une étoile dans chacun deux
La « Noce » va pouvoir commencer
Une heure de bonheur
Une heure d'oubli
Salle de la Croix Blanche

Seulement pour Toi

Tremblement de terre en Italie

Un ciel blanc, brûlant, pèse sur les épaules des passants, aux épaules voûtées.
Ils vont bien vite se calfeutrer chez eux inconscient de leur chance.
Plus loin, dans un autre pays, près d'un tas de gravats un homme rit nerveusement, avant de s'effondrer en larmes devant l'immensité du désastre.
Un homme perdu, à la recherche d'un souvenir, un lambeau de passé, hagard.
Tout a disparu, seul au monde, sa vie vient de s'effacer.
Plus de parents, plus de femme, plus d'enfants, plus d'amis, plus rien qu'une peine, plaie béante comme ce champ de ruines.
Il ressent encore sous ses pieds la terre trembler.
Il entend encore ce grondement sourd.
Il voit encore ses filles jouer dans la maison.
Il croit encore entendre sa femme l'appeler.
Il croit encore trouver un brin de vie.
Il croit encore mais ne sait plus pourquoi.
Il croit encore parce qu'il a la foi.
Mais combien de temps va-t-il croire encore ?
Combien de temps alors que son village est rasé ?
Pourquoi suis-je encore en vie ?
Pourquoi eux et pas moi ?

Seulement pour Toi   Nostalgia

Pourquoi ai-je été épargné ?
Pourquoi ?
Dieu, pourquoi ?
Ce soir il va dormir dehors ou plutôt essayer, la peur au ventre, sa bouche sèche de poussière,
Ses yeux brûlants, desséchés, resteront ouverts.
Ses yeux guetteront jusqu'à épuisement cet amas de pierre, dans l'espoir, fol espoir, d'y apercevoir un brin de vie.
Le froid le pénètre, la lassitude l'assomme.
Demain …
Demain il ne fera plus jour pour lui,
La vie l'aura quitté.
Certes il continuera d'exister,
Mais son âme sera morte.

Seulement pour Toi

Où es-tu
Que fais-tu
Comme tout est vide sans Toi

Seulement pour Toi   Nostalgia

Il n'y a rien de pire que la trahison
le mensonge
l'hypocrisie
Il ne s'attendait pas à cela
Non
Il n'est plus rien qu'un kleenex usagé
L'ange s'est transformé en démon
Plus de nuits d'or
Seulement des nuits grises tachées de larmes séchées
Des nuits jaunes de vieux souvenirs défraichis
Des nuits blafardes peuplées de vieux cauchemars
Tout a été balayé par ce qu'il n'a pas vu venir
Ces sourires et ces sous-entendus
Il n'existe plus
Fantôme errant dans des ruines glacées
Bousculé par cet ouragan
Boxeur à terre qui ne réalise plus rien
Il s'en va titubant
Personne pour lui tenir la main
Il est seul maintenant
Tout seul
Désespérément seul

Seulement pour Toi

Dans une douce pénombre je t'ai aperçue debout devant la scène
Est-ce que tu t'ennuies m'as-tu dit
A ton avis pourquoi j'écris

Seulement pour Toi   Nostalgia

Les projecteurs ont déchiré les rêves grisonnants
ils ont remué la boue des souvenirs
La musique
scalpel
a rouvert des plaies anciennes
Le spectacle a achevé l'œuvre.
Le poète reste fragile
c'est pourquoi il écrit.

Seulement pour Toi

Une sonate monotone ruisselle dans la rue grise,
elle efface les pas lourds des passants transparents.
Une silhouette au loin flotte sur les toits verts,
disparaît dans un brouillard bleu, dommage.

Dans une pièce sombre une voix s'élève,
chaude et chantante venue de nulle part.
Des yeux bleus fouillent l'obscurité.
L'oreille l'a reconnue cette voix.

Une houle soudaine le secoue tout entier,
Son corps tendu n'est plus qu'émotion.
Elle apparaît toute de noir vêtue,
dans son voile de mystère.

La rosée du matin embrume son regard,
Il l'a tant attendue, tout tangue autour de lui.
Un fleuve de feu le traverse,
Il se répand dans son cœur, sa tête et ses membres.

Les murs vacillent, tournoient,
Ils se colorent de joie.
Flottant dans les airs, il s'avance vers elle,
Ses lèvres s'enivrent de sa peau.

Seulement pour Toi   Nostalgia

Dans cette oasis éphémère il reprend vie,
Un geste, un regard, un sourire lui suffisent.
Pourtant viendra l'heure tant redoutée,
où il devra la quitter et retrouver la rue boueuse.

Alors son mal le reprendra tel Méduse,
le torturant avec un malin plaisir.
Les cheminées sans fumée se pencheront dans la rue,
Il ne verra plus les passants noirs.

Sous la lune bienveillante il ira son chemin,
bousculant les voitures aux fumées noires.
Des réverbères tordus de rire, se moqueront
de cet être moins qu'humain à la dérive.

Mais déjà l'aube déchire la nuit,
L'astre de feu pointe à l'horizon.
Son cher rayon de soleil le soutient,
Nouveau jour
Nouvel espoir

Seulement pour Toi

La rame de métro flottait au-dessus des rails
Les voyageurs
à l'intérieur
s'effaçaient un à un
Seule Toi
debout face à moi
existait
Attiré comme par un aimant
Je luttais
Chacune de mes mains tenait une barre d'appui
Fermement pour ne pas t'approcher
L'attirance était si forte
Si pressante
T'embrasser me tenaillait au plus profond de mon être
Pourtant je ne l'ai pas fait
Ce n'est pas l'envie qui m'en manquait
Je n'ai pas osé
tout simplement

Seulement pour Toi   Nostalgia

Une voix claque dans l'obscurité
sans appel
Une voix sèche pleine de colère
L'avertissement est tombé
Le blâme reçu
Le sourire envolé
Seules deux lèvres pincées
Un regard froid
perçant
Non pas la lumière
il faut attendre
Je n'ai pas donné l'ordre
Il n'était pas prévu d'orage aujourd'hui
Pourtant
La douche est cinglante
pluie de grêle soudaine
Pourtant ce n'est juste pour personne
Nous avons fait le gros dos
attendant la fin de l'orage
Décidément c'est un temps que je n'aime pas

Seulement pour Toi

Des perles de rires s'envolaient
ricochaient sur les murs
se démultipliaient.
Des perles de bonheur
Le soleil dans l'obscurité de ces murs rayonnait
Son visage s'illuminait
radieux
Joyeuse elle bondissait de marche en marche
de pièce en pièce
Feu follet
Elle était enfin chez elle
Dans ce lieu tant souhaité
tant désiré
Son bonheur
sa joie communicative
explosait aux yeux de tous
La femme enfin s'épanouissait
après une année de galère
Tel Phoenix son Théâtre renaissait de ses cendres

Seulement pour Toi   Nostalgia

La distance n'altère pas les sentiments
Elle les renforce

Seulement pour Toi

Doucement ses yeux deviennent humides
Soudain un fleuve de larmes jaillit emportant tout sur son passage
La digue est rompue
Le flot houleux secoue sa poitrine en des spasmes incontrôlés
Il lâche prise se laisse emporter dans ce tourbillon noir
Sa tête prête à éclater roule dans cette tempête rougeoyante
Il ne sent plus son corps
tordu
broyé
presque inutile
Puis un grand calme l'envahit
elle apparaît dans le lointain gris
Elle semble flotter
vaciller dans l'espace ouaté
puis disparaît
Alors le fleuve sauvage se transforme en torrent
des larmes de sang le colorent
L'esprit se vide dans le brouillard des embruns
Tu n'es pas là
Ses yeux te cherchent désespérément dans les vapeurs de l'automne
Ses mains dans la nuit fouillent l'obscurité profonde
Rien
rien qu'une absence désespérante
Rien que le silence et le battement sourd des tympans
Lentement le flot se tarit

Seulement pour Toi   Nostalgia

le fleuve devient rivière
La rivière s'évapore dans la chaleur de l'enfer
Au travers des flammes danse ton visage lointain
Rêve ou imagination il ne sait plus
va errant dans la nuit
Une nuit sans lune
sans étoile
une nuit sale
glaciale
Tandis que des oiseaux noirs aux ailes déployés tournoient
se fondent dans l'encre du ciel
seuls êtres vivants
Dans la rue un pas résonne
un pas solitaire
désespéré
L'homme s'enfonce doucement dans l'asphalte du trottoir
disparaît
Plus rien n'existe

Seulement pour Toi

Sous de lourds nuages verts à l'odeur sulfureuse
Une plaie béante noircie
rougie par le fer incandescent
Celle de l'homme qui ne t'a pas comprise
qui ne t'a pas entendue
De l'homme frustré de t'avoir déçue

Seulement pour Toi   Nostalgia

La nuit
L'ennui
Te savoir loin
Fatiguée
Harassée
Mais bien arrivée
Je le sais
Depuis ce matin
Parler de Toi me fait du bien
Assis dans le jardin
Nous prenons le café
C'est étrange
Tu ne trouves pas
Je regarde au loin
Imagine la fille et sa Maman
A propos j'ai le même âge qu'elle
Cela devrait me faire réfléchir
Même pas
Un rêve ne reste qu'un rêve
Un nuage qui se promène
Tantôt gris
Tantôt bleu
Utopie de mes songes
Ton sourire plane sur l'herbe verte
L'air fleure bon ta présence

Seulement pour Toi

Pourtant tu es si loin
Tu me manques
Les rues sont vides
Les trottoirs tristes
Le soleil d'automne ne balaie pas tous les nuages

Seulement pour Toi   Nostalgia

Hanté
Son corps est hanté
Il a perdu son âme
Son amour est trop lourd à porter
Brouillards fumeux dans son cerveau
Dédale sans fin
Il n'arrive à t'atteindre
Pourtant yeux ouverts ou fermés
Il te voit si présente
Ton visage lui sourit et le déchire aussi
Dans la nuit bleue tu brilles étoile lointaine
il ne peut t'expulser de son corps
Un diable moqueur fait barrage
Un tourbillon l'emporte et le saoule
Le vide l'entoure
La respiration lui manque
Il étouffe
Des murs gris tagués de rouge sang
Des fumées d'usines jaune soufre
Des rues verdâtres désertées
Et ces yeux
ces yeux qui le regardent
Ce corps qu'il ne peut approcher
Cette peau qu'il ne peut respirer
Seul avec ses illusions sans espoir

Seulement pour Toi

A te convoiter comme un enfant trop sage
Alors qu'il n'y a rien à attendre
Enfin il le croit
Le délire le reprend
La folie l'habite
Fuir fuir
loin très loin
Noyer cette passion ravageuse
Après il sera trop tard
Trop tard
Des ruines désolées
Fantôme il marchera dans tes pas
Sans jamais te rejoindre
Sans jamais te toucher
Transparent à tes yeux
Inexistant
Etre errant attendant la mort
Ou plus rien
Pourtant tu es si belle
éclairant le jour la nuit
Il ne peut se résoudre à ne plus t'aimer

Seulement pour Toi   Nostalgia

L'aiguille lentement grignotait les minutes
Minuit approchait
Salle de la Croix Blanche
Son mal-être grandissait
Aux douze coups fatidiques
il se ruait dans les loges
au fond de la cour
le cœur à l'envers
Bonne année éclatait au-dessus de lui
Bonne année
La tête en vrac
Tout volait en éclat
Partir rester
Espoir envolé
Tant attendu
Fruit défendu
L'embrasser
L'embrasser
dans l'ombre d'un recoin
la serrer contre lui
si fort
Rien de tout cela n'est arrivé
Maison ou hôtel
Où aller
Si loin

Seulement pour Toi

Dans le brouhaha des rires
La porte s'est refermée
Seul dans la rue sans âme
Des gens lui criaient bonne année
Bonne année il répondait
mais il n'y croyait pas
Les danses dans tes bras
s'évanouissaient dans la nuit
mirages lointains de son imagination
Peut-être aurait-il dû partir plus tôt
Personne n'aurait remarqué
Tiens il est parti
tout au plus
et encore
Labourant le trottoir
ses pieds trop lourds avançaient avec peine
ne sachant où aller
Où aller
sans Toi
Bien sûr tu as essayé de le retenir
Il ne voulait pas gâcher la fête
Ta fête
Celle dont tu avais tant rêver
Celle qu'il imaginait dans sa folie

Seulement pour Toi   Nostalgia

La petite puce est une pute
Elle va de l'un à l'autre
Vas-y que je te pique
Sans vergogne
La petite puce est une pute
Du trottoir au métro
Son champ d'action est vaste
Jusqu'au cinéma elle vous poursuit
La petite puce est une pute
Ses services sont gratuits
Si le cœur vous en dit
Mais attention elle pique
Surtout
évitez le quartier
Picpus

Seulement pour Toi

Un nid
 Un oiseau
frêle
innocent
pépie
De tous petits cris
Il a faim
Le bec se redresse
Il réclame
Son ventre est vide
L'impatience le gagne
Il frissonne
La tête se penche
à droite
à gauche
Soudain un de ses parents arrive
un ver dans le bec
Le petit ouvre grand le sien
pour saisir le ver
Comme un homme impatient
guettant le baiser de celle qu'il aime

Seulement pour Toi   Nostalgia

                    L'ennui
                    Mal empoisonné

Seulement pour Toi

La veille des pleurs annonciatrices
Ce soir le vertige
Puis cette chute tant redoutée

Seulement pour Toi   Nostalgia

La lame glacée aux reflets bleutés
sans pitié
doucement pénètre sa chair
de plus en plus profondément
Son fol amour se faufile sous les algues
bientôt emporté par les flots de la désespérance
Echoué quelque part sur un banc de sable humide
haletant sous les froids rayons de la lune
il ne sait plus
Du haut de la montagne noire un rapace tournoie
guettant cette proie fragile
Souffrance sans nom d'un amour trop grand
Le froid pénètre ses os rouillés
d'une attente si longue et cruelle
Un chant au loin le maintient en éveil
La mort n'est pas encore décidée
Un rayon de soleil
ou illusion de sa fièvre naissante
fait fleurir un timide sourire sur ses lèvres bleuies
pâle comme la neige là-haut sur les cimes
Sur ces mêmes cimes où un soleil éclatant
lui désigne son amour
offrande aux dieux
Des erreurs il en a commises
pas plus tard que la veille

Seulement pour Toi

jour de cette fête stupide
Qu'en pense l'élue tellement silencieuse
drapée dans son apparente indifférence
Le mystère plane
Calme ou tempête
Nul ne le sait encore

Seulement pour Toi   Nostalgia

Quand je ne serai plus là peut-être reliras-tu le sonnet à Hélène
Alors tu comprendras pourquoi j'aimais tant Ronsard
Et surtout ce sonnet

Seulement pour Toi

Lentement, lentement,
A la vie il renonce.
Lentement il s'enfonce
Dans les sables mouvants.

Illusions d'un amant,
Véritable semonce.
Déchiré par les ronces
Sous le soleil couchant.

Que n'es-tu près de lui
Pour calmer son émoi
Et lui redonner vie ?

Un gage, un simple gage.
Prêt à faire ses bagages
Retiens-le il t'en prie.

Seulement pour Toi   Nostalgia

Un craquement
Une fissure
déchirante
longue et profonde
Une blessure
Un rêve s'échappe
brûlant
déchirant
Aveuglement stupide
Bêtise humaine
Naïveté
Vide immense
Leurre
Pourtant
Rien ne s'efface
Tout est présent
Rêvé
Rêvé encore
Non
Stop
S'ouvrir les entrailles
leur faire prendre l'air
le cerveau aussi
Laisser s'échapper ce fleuve noir
Comment

Seulement pour Toi

Comment se protéger
Amour trop fort
Poison chaud dans les veines
Insaisissable
Insaisissable
Enigme
Brise chaude
légère
Elle vous entoure
Passe
Repasse
S'en va
Sur le trottoir un linceul de tristesse
Il se pose sur un homme
désorienté
perdu
Il n'a pas compris
Il n'a pas compris
Pas compris
Compris
qui elle est
Pourquoi vouloir s'en détacher
L'Art naît dans la souffrance
Les fissures en font partie

Seulement pour Toi   Nostalgia

Hypocrisie
Hypocrite
Honte
Honte à vous
Le courage vous manque
Vous n'êtes que façade
Votre cœur est froid
Honteux j'espère que vous l'êtes
Mais au fond de moi je doute
Avoir le courage de vos opinions
c'est trop demandé
Qu'avez-vous appris
La peur
La peur du qu'en dira-t-on
Soyez honnête pour une fois
Vous en serez grandis

Seulement pour Toi

Telle la feuille arrachée à la branche par le vent
après avoir un temps plané dans les airs
finit par s'échouer sur la surface limpide
de ce ruisseau tant convoité
se laissant bercer éblouie par les éclats lumineux
de cet amour
Bien vite l'eau devient plus profonde
Le courant s'accélère
Ballotée elle glisse entre les rochers
Son cœur chavire de joie
Amoureuse elle ne veut pas quitter ces eaux tumultueuses
Bientôt arrivent les cascades
Manèges forains
Les flots se durcissent
Soudain sourd l'angoisse
Vais-je me fracasser sur les rochers
être aspirée dans un gouffre infernal
sombrer dans l'obscurité glaciale
avant de me désintégrer
ou trouver l'apaisement dans les bras chauds et aimants
d'une rivière assagie flânant sous le soleil
tant attendu
si souvent appelé
dans les heures sombres

Seulement pour Toi   Nostalgia

Silence
Silence apaisant
comme ta voix lointaine
Murmure dans les airs
Frémissement des feuilles de bouleau
L'âme sort du corps
spectre lumineux
éclairant ce jardin
où je viens de déposer mes cendres
coincé entre une école et une église
Un merle au bec jaune me regarde
Je suis vivant
Il est à mes pieds
Un souffle
Il s'envole
Tu te reposes
Ta chambre
Deux tasses vides
Comment t'aider
Les campanules sont là
le romarin aussi
La raison n'est plus
La folie m'a emporté

Seulement pour Toi

Dans la pluie j'ai lu ton nom
Je n'ai pu le boire
Une branche l'a caché
Une racine m'a fait buter
m'enraciner
Un fin cheveu coincé dans les dents
Mon sang rejoint la sève du bouleau
Lentement arbre je deviens
Un vent frais venu de nulle part
sein qui s'appuie sur mon écorce
y laissant son empreinte
Immobile
dans les rires et les cris
Les yeux brûlants de la fièvre du jour
Je ne peux plus avancer
Ta main me transperce
Elle ne fait que passer
Flèche perdue
J'ai soif
Soif de ce breuvage
dans lequel tu te reflètes
J'ai faim
Mais ne peux bouger
J'ai faim
Faim d'une caresse

Seulement pour Toi   Nostalgia

Perdue dans la brume
Disparue avant d'être aperçue
Quel vide
Ma ramure en vain
se met en mouvement
Déjà quelques feuilles se détachent
Peut-être les ramasseras-tu

Seulement pour Toi

Jeu d'ombres
Bal masqué
La petite fille frappe dans ses mains
Un chien s'envole sous la pluie battante
La mante religieuse dévore son amant
Nous devisons un ami et moi
dans les jardins du Palais Royal
Dans l'obscurité la petite fille rit aux éclats
Eclats d'étoile retombant en fines particules
dans nos cœurs immergés
Le bus à plateforme passe dans l'avenue
vieux souvenirs
La petite fille croque sa pomme
à l'abri des regards
se protégeant
Un arbre se déracine
marche dans la rue
C'est un pommier
Curieux
Drôle de monde que le nôtre
Dans son ombre la petite fille
toujours présente
Un éclair de tristesse traverse son regard
Pourquoi
Les nuages chevauchés par d'invisibles poupées

Seulement pour Toi   Nostalgia

Galopent
disparaissent
La petite fille les a-t-elle oubliées
Comment lui parler
Murmure du vent
Cœur serré
Emotion trop forte
Une coccinelle sur un brin d'acier
cligne de l'œil
La petite fille
Elle te plaît

Seulement pour Toi

Le trait cinglant s'est planté
Pas un mot
Pas un geste
Une gifle glacée
piment amer
Fallait-il un bouc émissaire
N'est-il pas arrivé assez vite
Lui en vouloir
Non
Incompréhension
Ce n'était ni l'heure
ni le jour
La terre a tremblé
La peur s'est installée
moteur de cette humeur
Pas le bon moment
Ni la bonne place
Inutile d'épiloguer
La marée va tout recouvrir
Demain il n'y aura plus rien
qu'un ciel délavé
accompagné d'un bleu à l'âme

Seulement pour Toi   Nostalgia

Si tu savais
Si tu savais pourquoi
Si tu savais comment
Si tu savais les jours
Si tu savais les nuits
Si tu savais les heures
Si tu savais les minutes
Si tu savais le vide
Si tu savais le froid
Si tu savais l'absence
Si tu savais le cœur gros
Si tu savais cette folie
Si tu savais cette tension
Si tu savais ce manque
Si tu savais cette soif
Si tu savais cette faim
Si tu savais cette pression
Si tu savais la tête
Si tu savais les larmes
Si tu savais les bleus
Si tu savais les maux
Si tu savais l'enfer
Si tu savais le feu
Si tu savais ce battement
Si tu savais l'espoir

Seulement pour Toi

Si tu savais cette force
Si tu savais ce lac bleu
Si tu savais tout cet amour
Si tu savais
Si tu savais combien je t'aime
Si tu savais
Si tu savais comme tu me manques
Si tu savais

Seulement pour Toi   Nostalgia

A travers tes doigts il a vu la vie
Il ne savait pas que c'était la sienne
en filigrane dans la paume de ta main
Il a glissé sur un sein obsédant
toboggan blanc dans la nuit voilée
Fraîcheur ombragée d'un chemin inconnu
si tentant
Frisson soudain d'une plume dans le vent
Un oiseau de feu le traverse
L'eau d'une rivière l'entraîne au loin
Des tam-tams résonnent
Ses tempes vont éclater
Prêtresse tu officies
dans la clarté tamisée du soir naissant
Les arbres en transe
font claquer leurs feuilles
L'air lui manque
Tout se voile
Seules tes lèvres sur les siennes
pourraient le ressusciter
Etrangement spectateur
L'acteur ce n'est pas lui
mais la nature endiablée
Chef d'orchestre tu la diriges
Rêverie bleutée flottant dans la brume

Seulement pour Toi

d'un espoir chaque jour un peu plus dilué
Mirage frustrant
Sous ses paupières fermées
danse le tableau d'Henrick Bugowski
comme pour mieux le provoquer
Passion inassouvie d'un homme perdu
Perdu égaré
le regard fixe
muet
incapable d'expliquer
comment il en est arrivé là
Là
Nulle part

Seulement pour Toi				Nostalgia

Amour envolé
Cœur voilé
Drapeau en berne

Seulement pour Toi

Désabusé
Pourtant le ciel est bleu
Les fleurs éclatent
Quelque chose ne va pas
Quelque chose ne va plus
Une boule de coton dans la tête
Regard trouble
Pieds usés
Tout semble faux
Décors d'un mauvais théâtre
Ruines dans le cœur
Ame déchirée
Fermer les yeux
Laisser faire
Bras baissés
Tête courbée
Ennui
Ennui profond
Spleen d'un moment
Point mort
Vie arrêtée
Corps suspendu
Dormir
Dormir
Puis

Seulement pour Toi					Nostalgia

Se réveiller
Trouver la solution
Avancer
Avancer
Vers où
Là n'est pas la question
Sortir de cette ornière
Se redresser
La vie est trop courte
Le chien m'interroge
Son poil est si doux
Regarder
Regarder
La nature explose
Les lauriers fleurissent
Pourraient-ils éclairer la nuit
Faire oublier une absence
un mirage si doux
La nature ne trompe pas
Parfois elle est sauvage
ne ment pas
ne connaît pas l'hypocrisie

Seulement pour Toi

Je sonne
La porte s'ouvre
Tu es là
en pyjama
tout sourire
Puis le jardin
Havre de paix
Pelotonnée sur ta chaise
détendue
apaisée
Une parole
Retour en arrière
Tout se casse
Le ton monte
Visage triste
Front buté de l'un
incompréhension de l'autre
Je me lève
Tu me raccompagnes
à la porte
Ma main
doucement
glisse sur ta joue
Tu te réfugies contre moi
balbuties quelques mots

Seulement pour Toi   Nostalgia

Te ressaisis
Instant trop bref
comme toujours
Tu m'embrasses
amicalement
La porte s'ouvre
Je m'en vais
L'empreinte de ton corps en moi
Ta tristesse
je l'emporte
Elle devient mienne

Seulement pour Toi

Mi déçu
Mi contrarié
Energie perdue
Grisaille soudaine
Ton rire résonne
La petite fille s'amuse
Pas moi
Quelque chose me retient
Dans mes veines coule mélancolie
Chaussée glissante
Solitude
Muet
Me sauver
Me cacher
dans un recoin de mon être
là où je suis mal
où personne ne peut me chercher
Demain sourire revenu
Mes yeux te parleront
peut-être
je l'espère
Te protéger

Seulement pour Toi					Nostalgia

Me protéger
Faire front
Quel dommage de ne pas parler plus tôt
Les turbulences
il faut les traverser
Cela vous fait sourire
ou vous amuse
Pas moi
C'est ma faute

Seulement pour Toi

Mal
Tête
Pensées
Toi
T'aider
Comment
Fragile
Rebelle
Secrète
Pas facile
T'aider
Simplement
Sans arrière-pensée
Au jour le jour
Par amour
C'est tout
Par amour
Sans retour
Peu importe
Te soutenir
Maladroitement
Peut-être
Elan soudain
Furtif
Après

Seulement pour Toi   Nostalgia

Que caches-tu
Rien
Peut-être
Qu'une illusion
Pardon
Rêveur
Naïf
Prisonnier
Amoureux
Oui

Seulement pour Toi

La corrida touche à sa fin
Le sable rougi de sang
Les banderilles que tu as plantées déchirent mon dos
Mon poitrail meurtri par le picador
laisse s'écouler mon amour
Tu es là devant moi soleil éclatant
Immobile
droite
Lentement je m'avance vers Toi
Le sang se mêle déjà à ma salive
Je n'ai pas peur
Tu entends je n'ai pas peur
Je veux en finir
Tue-moi
Regarde mes yeux
Qu'y vois-tu
Mes forces m'abandonnent
Achève-moi vite
Regarde ma nuque mon amour
Pourquoi ton bras tremble-t-il
Courage
Enfonce cette lame froide d'un trait
Tue-moi
tue moi
Fais-le

Seulement pour Toi   Nostalgia

fais-le vite
que mon amour s'écoule avec mon sang
Fais-le
fais-le

Seulement pour Toi

L'âme déchirée d'un violon
Rejeté
Incompris
A qui la faute
L'orchestre l'étouffe
Le musicien trop vieux
fait de son mieux
Ses mains noueuses
ne font plus vibrer ses cordes

Seulement pour Toi   Nostalgia

Les hommes sont-ils plus fragiles que les femmes
Et les femmes plus fortes parce qu'une mère dormirait en elles

Seulement pour Toi

Comme le rouge-gorge épiant
Le sillon fraîchement ouvert
Dans la terre grasse et humide
Prêt à se nourrir de quelques vers de terre
Humblement j'observe
ce sillon artistique
que tu ouvres chaque jour pour nous
Et m'en nourris
Héritage culturel que tu nous transmets
Il n'y a pas d'âge pour apprendre
Au contraire la soif est encore plus grande
Car le temps passe vite
Chaque jour j'ai le même âge
Même sensiblement
Je rajeunis
Plus riche
moins ignorant
Toujours aussi fou

Seulement pour Toi   Nostalgia

Il s'en va la tête basse
Son sac remplit d'illusions
Jette-le aux orties
Lui crie une voix
Venue de nulle part
Il va
Les bras et les jambes déchirées par les ronces
Bientôt il marche dans les étoiles
Elles s'éteignent les unes après les autres
Ses pieds s'enfoncent profondément
dans les nuages boueux
Un vol de rapaces nocturnes
inconnus
rodent
Un cheval part en galopant
affolé
Mauvais pressentiment
Homme errant ou abandonné
Il marche
rampe
tombe
Se relève
Ne dit mot
L'air hagard
L'a-t-elle seulement aimé

Seulement pour Toi

Pas un bruit
Mauvais pressentiment
Une sirène au loin
Une explosion
Des flammes
Un souffle chaud
âcre
Puis le froid
Le silence
Elle passe transparente
devant lui
en riant
Aimé
Pas aimé
Eternelle question
Un squelette sort de son cercueil
Mauvais pressentiment
Il boit une bière
assis sur le rebord de la tombe
Très drôle une bière
Humour noir
Comme la nuit
L'homme ne sourit pas
Il poursuit son calvaire
Enfer ou purgatoire
Il ne connaît ni l'un ni l'autre
Il ne connaît qu'elle
Celle qui le fait rêver
Le jour comme la nuit
Elle l'a laissé partir
sans un regard

Seulement pour Toi   Nostalgia

sans un mot
ni un geste
Mauvais pressentiment
Les violons s'affolent
Le drame se noue
Des lambeaux de quelque chose flottent
dans un vide inconnu
où lui-même n'est plus que fantôme
Où se trouve le graal
qui le fera renaître
La fièvre l'envahit
Il est bien vivant
Porté par un amour fou
Mais elle
Elle qu'en pense-t-elle
Elle qui se tait
Elle
Dont le regard le fait brûler
Dont les rires le transportent
Dont les pleurs le déchirent
Dont son visage fermé à la voix qui claque
l'anéantissent
le meurtrissent
La licorne bleue s'évanouit
Mauvais pressentiment
Ame errante devant cette porte
Cette porte qu'il a poussée un jour
Pour le meilleur
pour le pire
La joie
les pleurs

Seulement pour Toi

Dans les champs
Les champs de blé
Ou la chambre
Non pas la chambre
C'est une autre histoire
La chaleur de son studio
Les diners à la campagne
Que tout va être vide
quand il va partir
Encore quelques jours
Quelques nuits
Et puis le silence
Le manque
L'absence
La tienne
Chut
Plus un mot

Seulement pour Toi   Nostalgia

Double vie
Double peine
Attente incertaine
Ombre pesante
Les jours passent
L'incertitude plane
Le navire tire sur ses amarres
L'appel du large se fait sentir
Le corps appelle
Cris se mêlant au bruit de la ville
dévalant les rues
les trottoirs
vont-ils remonter jusqu'à Toi
Silence
silence pesant
Dans l'église résonnaient les chants
Y étais-tu cachée
Toi l'insaisissable
Question sans réponse
Ce matin un merle noir
au bec jaune
picorait dans ton jardin
De son œil vif il observait
Lui non plus ne te trouvait pas
C'est mon ami

Seulement pour Toi

Est-ce le même qui se perche près de moi
Hermès ou Cupidon
Ou délire de la nature
assoiffée par un vide immense
Quelle chance as-tu d'être aimée
Toi dont le nom résonne
dans les airs et dans les cœurs
Le sais-tu

Seulement pour Toi   Nostalgia

Un jour
Plus un jour
Plus un jour
Encore un jour
Puis je ne sais plus combien
Trop
Trop de jours
Trop
Trop longtemps
Que je ne t'ai vue
Tu me manques
Je l'ai écrit
Réécrit
Re-réécrit
Re-re-réécrit
La nuit
Le jour
Tu m'accompagnes
Le vide reste immense
Ton absence me déchire
Brèves rencontres
Souvent furtives
J'ai mal
Est-ce là l'enfer dont on parle
Alors je suis en enfer

Seulement pour Toi

Le vide
Longue absence
Interrogation
Pas de réponse
Doute
Désœuvrement
Insomnie
Présente
Mais invisible
Absente
Mais si présente
Fatigue
Déprime
Atmosphère lourde
Attente
Longue
Attente
Toujours
Pourquoi
Savoir
Enfin
Oui
Non
Peut-être
Jamais

Seulement pour Toi   Nostalgia

Le temps passe
La vie aussi

Seulement pour Toi

Un éclat de verre
Un éclat de rire
Une pièce s'illumine
Je ne parle à personne
Je regarde
Observe
J'admire
T'admire
Heureux de ton bonheur

Seulement pour Toi   Nostalgia

Absence
Ciel voilé
Le froid l'envahit
Dans ton jardin
l'absence est encore plus grande
Absente
Mais omniprésente
Désœuvré l'esprit vagabonde
à la recherche d'un parfum
d'une ombre
d'un sourire
Un téléphone sonne
ce n'est pas le sien
Tu lui fais transmettre ton bonjour
Dommage qu'il n'entende pas ta voix
Dommage
La vie est faite ainsi
Ils évoquent leurs croyances
Le repos de la terre
Les bougies allumées
Il se sent plus proche
Un peu moins seul
Pour un moment
Un instant
Un court instant

Seulement pour Toi

Si ténu
Puis la rue
Le brouhaha
La magie s'est envolée
Un étranger marche sur le trottoir
Dans sa tête tu l'accompagnes

Seulement pour Toi   Nostalgia

Ma peau à soif
Ma peau à faim
Elle se tord
ondule
sous l'éclat de tes yeux
Comme une lame de métal
dans le feu de la forge
incandescente
passant du rouge au bleu
du bleu au blanc
Chaleur étouffante
Attente insoutenable
Elle n'en peut plus
Elle supplie
Seulement ta main
ou un doigt
pour l'apaiser
la calmer
Sentir ta peau effleurer la mienne
baume apaisant
trou noir dans lequel je me fondrai
Arrête mon tourment
Ne me fais pas languir plus longtemps
La torture est trop grande
L'espérance destructrice

Seulement pour Toi

Verse
Verse du vin
Encore
Et encore
Verse du vin
que je m'enivre
Pour oublier
oublier le goût de te peau

Seulement pour Toi   Nostalgia

Le grand mât est brisé
Des lambeaux frustrés de voiles sont portés par le vent vers le noir abyssal
L'arrière-goût amer de l'inassouvissement muselle ces cris de rage
à peine émis
déjà emportés
Peut-être n'ont-ils jamais existé
fontaine d'un esprit à la dérive
Esprit privé de mots
ricochant sur les crêtes mousseuses de l'océan
roulé dans l'eau sablonneuse des sommets étêtés
Au loin tel un phare vacillant la raison titube
Tourne
tourne
retourne
feu follet s'épuisant dans les remous d'un ailleurs de plus en plus
ténu
Silence
silence trop lourd à porter
Le vacarme comme un ressac lancinant
compose un opéra cruel
L'opéra des autres
les morts qui dorment en silence
là au fond parmi les algues et la nuit
Nul besoin de lumière

Seulement pour Toi

leurs yeux sont mités
Leur corps balloté au rythme des lames de fonds
La tempête les a jetés par-dessus bord
Bon débarras
Ignorés
perdus oubliés
Oubliés comme l'artiste dont les mots s'échouent
sur le bord de ses lèvres
qui ne veulent rien dire
borborygme inaudible
Le poète est devenu stérile
fauché en haut des tranchées
pantin raté
Que cherchait-il dans ces contrées perdues
Un geste un sourire
une larme de pluie pour étancher sa soif
Sa soif de création
Incapable d'écrire
Incapable de composer
Incapable de jouer
Un être mort
vide
hagard
ombre de lui-même
bientôt réduit en cendres
Sitôt emporté loin
sur les rives de Styx
Certains le verront
ou plutôt son âme
errant
désespéré au pays de Nostalgia

Seulement pour Toi Nostalgia

Comment se fait-il que je te cherche
résonne dans ce pays lointain
Tel un écho pour le reste de son purgatoire

Seulement pour Toi

Que dire de plus
Que dire de moins
Les mots ne sont plus
Ne restent que les maux
Amour intouchable
flottant au gré des vents
algue brune s'étirant au large de Nostalgia
Seule la corne de brume résonne
dans ce maelström
le ceinturant
il avance
n'en finit pas
Plus de bruit
Tout est gris
L'humidité sourd de partout
Le temps s'est arrêté
Une lumière au loin
Non
Rien
L'imaginaire
force obscure
trompeuse
sournoise
Où es-tu
Etoile lointaine

Seulement pour Toi   Nostalgia

Où es-tu
Il avance
avance
Prêt à se dissoudre
dans cet amour rêvé
Amour intouchable
Intouchable
Pourquoi
Pourtant il en rêve
En noir et blanc
En couleur
Il en rêve
Toi seul sais
s'il rêve
ou non
Pourtant tu lui as déjà dit

Seulement pour Toi

Les jours endeuillés au ciel obscurci par les fumées noires des incendies ressemblent à des nuits
Eclairées par l'explosion des bombes et des flammes les nuits ne sont plus que les copies des jours sinistres et brumeux
Enfants femmes hommes agonisants déchiquetés sous le regard absent d'un monde étranger frivole préoccupé par de futiles soucis métros bondés plats trop chauds plats trop froids
inconscients de leur vie heureuse
Quelle bêtise

Seulement pour Toi   Nostalgia

Albi
Midi
Soleil brûlant
Volets clos
Cité cathare
endormie
A ses pieds
le Tarn
coule
amaigri
Nos pas se font légers
pour ne pas réveiller la rue
Silence
Pas de chant d'oiseau
Ni chat
Ni chien
Personne
Quelque part
Une plainte
douce et profonde
Un violoncelle
déchire la chaleur
Plus de quarante-cinq ans après
il résonne encore

Seulement pour Toi

Sablier 45

Je retourne le sablier tous les 25 ans
La première fois j'avais 25 ans
La deuxième fois j'avais 50 ans
La troisième fois j'ai 75 ans
Non ce n'est pas possible
La dernière fois
Reprenons
Je retourne le sablier tous les 15 ans
La première fois j'avais 15 ans
La deuxième fois j'avais 30 ans
La troisième fois j'avais 45 ans
La quatrième fois j'avais 60 ans
La cinquième fois j'ai 75 ans
La sixième et dernière fois j'aurai 90 ans
C'est quand même mieux
Non

Seulement pour Toi   Nostalgia

Tu m'as pris par le bras
Pour descendre la colline
Puis dans un murmure
Simplement tu as dit
C'est parce que je t'aime

Seulement pour Toi

Le vieil arbre et la petite fille

Que se passe-t-il dans ce tronc noueux
vieilli par le temps
battu par le vent
les intempéries
Ses branches trop lourdes s'affaissent
Son seul réconfort
voir la petite fille
jouer à son pied
Tantôt espiègle
presque moqueuse
Tantôt fragile
ouvrant grand ses yeux
pour le regarder
Tout du moins c'est ce qu'il croît
Il aimerait se baisser
pour la prendre dans ses bras
lui montrer la vie tout autour
Il n'en a plus la force
Sa sève ne circule plus aussi bien
Il a du mal à respirer
Ses racines ont du mal à le nourrir
Il est vieux
Elle est jeune

+

DANS LES BRUMES DU PASSE

Seulement pour Toi   Dans les brumes du passé

Parfois il vaut mieux oublier le passé
Le passé est le passé
Inutile de le ressasser

Seulement pour Toi   Dans les brumes du passé

La carapace du passé
lourde à porter
de mon amour entrave la marche
Tous ces morts qui font une vie
Le père a tué son fils
L'ombre déchirée dévoile un vide
éloigne les chacals
Un oiseau téméraire s'y engouffre
au seul bruit de ton nom
Comment a-t-il su
Des blessures noires du trottoir
sort une longue plainte
Les pleurs d'un astre rougi
font pousser un bleuet
La terre labourée par les vents
redevient nourricière
L'errance lointaine prendrait-elle fin
La quête d'un enfant trop vieux
écartelé
prisonnier des barbelés
Un chien hurle
Un chêne s'interroge
pourquoi
Pourquoi ce vieil enfant
qui n'est pas si vieux

Seulement pour Toi   Dans les brumes du passé

Je me souviens
Le mur en verre
Isolé je n'entendais rien
Derrière tout le monde bougeait
Discussions animées
Je ne pouvais toucher personne
Personne ne m'entendait
La vie se déroulait devant moi
Etranger
Transparent
ou presque
Je regardais
enfermé
à demi autiste
avec envie
sans jalousie
résigné
La mort me guettait
seule issue
Je l'espérais
plongé dans ma tristesse
le train de ma vie passait devant moi
Un jour j'ai brisé la glace
Pour ne plus me retourner sur mon passé
Regarder devant moi

Seulement pour Toi   Dans les brumes du passé

Maintenant tout revient
Il a suffi que tu nous demandes de nous retourner
Mais c'est fini
Le passé est le passé
Je ne cherche plus de coupables
Cela ne m'intéresse plus
Quelques mains se sont tendues
Tu es apparue
Ce n'était pas le hasard
Merci de m'avoir ouvert la porte
Quoi qu'il arrive je ne l'oublierai jamais

Seulement pour Toi   Dans les brumes du passé

La cigarettes est revenue
fleurir entre mes doigts
Les ailes de l'amour planent
immobiles
entre les nuages
lourds d'espoir
Les yeux tristes
s'efforcent de sourire
Mon corps
arbre mort
brisé par la tempête
gémit en silence
privé de sa source de vie
Si l'oiseau de l'amour
pouvait se percher
sur l'une de ses branches
il reverdirait
Face à ce nouveau printemps
ses rameaux mutins
effeuilleraient la marguerite

Seulement pour Toi   Dans les brumes du passé

La roue grince
Le pendule oscille entre la réalité
et l'illusion
Une réalité amère une illusion ironique
Avec entre les deux un soupçon de lointain
gris et sale comme les fumées d'usines
Il ne veut pas tourner l'homme
Il refuse le passé et voile l'avenir
Et ses deux mains s'agrippent à la roue
Et ses muscles se tendent pour l'empêcher de tourner
Déjà il ne touche plus le sol
Il n'est plus qu'un épouvantail à moineaux
Pendu entre ciel et terre loque à moitié inhumaine
Lambeaux sanglants d'un présent déjà passé
d'un avenir pas encore présent
Son esprit se débat
Son corps n'est plus qu'une masse inerte
Frappant régulièrement le sol
Frappe frappe à chaque nouveau tour de roue
La roue grince l'homme gémit
Mais la roue tourne
Et l'homme reste immobile
attendant son tour comme à la loterie
Tu gagnes je perds tu perds je gagne

Seulement pour Toi   Dans les brumes du passé

Le prochain coup c'est à moi
Le pendule oscille entre la réalité et l'illusion
Une illusion ironique
    je ne suis qu'un miroir déformant
    je n'existe pas je ne suis que mirage
Une réalité
    me voici j'étais tapie dans l'ombre
    mais je te guettais tu es ma proie
    tu ne m'échapperas pas comme cela
    viens goûter mes vices mes perversions
    participer à mes beuveries ou mes orgies
    viens donne-moi la main ne sois pas si timide
    plus qu'un pas le dernier
    le plus gros est fait déjà
La roue grince
Le pendule oscille entre la réalité et l'illusion
Et moi je dis non je m'obstine
Je refuse
Conscient de mon inconscience

Seulement pour Toi   Dans les brumes du passé

Un trou rond rouge au milieu de la tempe
Un trou et puis… plus rien
Autour seulement les cheveux un peu grillés
par la poudre
Un trou et la vie s'écoule
Un trou -billet de métro-
Direction l'autre monde
Un trou je verrai pour une fois
ce qu'il y a au fond
Un petit trou de rien du tout
Une détente pressée et hop c'est fini
Un trou un beau trou
Auréolé de rouge
Avec du noir au milieu
Un billet poinçonné pour mon premier voyage
dans l'univers des gens heureux
Un trou rond et rouge
Au milieu de la tempe
Un trou
       et puis
              plus rien

Seulement pour Toi   Dans les brumes du passé

J'ai perdu ma clé
Mais où est ma clé
Les arbres pleurent
L'herbe rit
Et la clé la clé s'est envolée
Mes cigarettes la radio
Demain c'est samedi
Je rentre chez moi
Mais pour ouvrir ma porte
Il me faut ma clé
La clef du problème
C'est ma clé
Onze heures sonnent
Le jazz gueule
Mais sans ma clé
C'est du travail bâclé
Dix heures et demie sonnent
La partition est en clé de fa
Le musicien a sa clef
Saint-Pierre les clés du Paradis
Mais moi je n'ai pas clé
Où est ma clé
Neuf heures sonnent
Ma clé n'est pas clé
Elle n'est qu'un morceau de ferraille

Seulement pour Toi   Dans les brumes du passé

tordu et rongé par la pluie et le vent
Ce fer sera ma clé
Huit heures ont sonné
ma clé naquit à sept heures
une demie heure pour trouver ma clé
Après je n'aurai plus de clé
Et sans clé que faire
Ma clé se rit de moi
Mais tout à l'heure
C'est moi qui rirai
Car ma clé se perdra toute seule
Ma clé se sera perdue
Ma clé n'aura jamais été clé

Seulement pour Toi   Dans les brumes du passé

De la mousse dans ma bière
De la mousse dans mon verre
Un rond en carton
sous son pied transparent
Un rond en carton
la perle des bières
Une urine foncée
qui pétillerait dans un verre
avec un soupçon d'albumine
Remontant à la surface
une bulle dans une bulle
Astronaute de la bière
Attention attention
Tu vas te désintégrer
à l'air libre
Le niveau baisse
Vingt-cinq centilitres
Deux euros vingt
Deux euros vingt pour perdre la mémoire
Ce n'est pas cher

Seulement pour Toi	Dans les brumes du passé

D'étranges pensées naissent
tournent
retournent
se fondent dans la neige
qui masque le trottoir
Pensées rejetées au loin
refoulées dans l'inconscient
sorties de l'inconscient
terriblement présentes
La neige restitue le trottoir à la rue
disparaît
comme s'il n'y en avait jamais eu
Les pensées
elles
laissent des traces
indélébiles
La main de la mémoire
ne peut les chasser
les effacer
Neige éternelle
Neige noire
Un skieur slalome
à la recherche d'une piste
Images se superposant
Images difficiles à avouer

Seulement pour Toi   Dans les brumes du passé

Partie de cache-cache
où qui ne sait pas
qui cherche qui
Pensées étranges
Etrange
Vite refoulées
refusées
dans une tête qui se déchire
Hurlements réprimés
Les hauts parleurs dégueulent la musique
Le froid plus sournois
Le tabac plus amer
Trottent
trottent
les pensées
Vite plus vite
Encore plus vite
Toujours plus vite
24 heures du Mans
A quand l'accident
Le bel accident
Elles vont toutes se percuter
Eclabousser les cerveaux en dérive
d'où naîtra la lumière
ou l'obscurité
Vite du vin
à boire
pour la grande fête
Non
Ce n'est pas encore l'heure
a dit l'inconnu

Seulement pour Toi   Dans les brumes du passé

Qu'il aille se faire foutre l'inconnu
Retour au point de départ
Manège reprend ta ronde
Cigarette brûle les doigts égarés
Tout recommence
Le Pérou
mirage
mirage lointain
C'est tout
Un point c'est tout
Faux
Tout commence
recommence
pour mieux retarder
l'échéance
Ils ont péché
écoutez-les
un instant
Et merde
Le bénitier manque de poissons rouges
Les rosaces s'effacent
Un banquet dans l'église
Mieux une cathédrale
Moyen âge
Du vin
Que l'orgie commence
Que les couples se roulent sur la table
Qu'une putain
une vraie
Une belle putain
plus femme que putain

Seulement pour Toi					Dans les brumes du passé

se mette à danser
nue
entièrement nue
sous les regards de convoitise
N'y touchez pas
Elle n'est pas pour vous
Regardez
mais n'y touchez pas
Dieu
Une putain
pure
plus propre que ceux qui regardent
Putain marchant en équilibre
louvoyant à l'abri de vos sales pattes
se heurtant aux parois d'os
Os de vos crâne
Tourne manège
tourne
change de page
efface l'image troublante
jaillit d'une faille inconnue
source d'étranges pensées

Seulement pour Toi   Dans les brumes du passé

Je ne sais plus
Je ne sais plus où j'en suis
Je croyais et ne crois plus
Qu'un jour viendrait
Qu'un jour passerait
Que le voile se déchirerait
Que les masques tomberaient
Que dans ces sables mouvants
Mes pas resteraient prisonniers
Qu'un cœur par cœur
Je connais ai perdu
Vie atome chaos mort
Qu'importe
J'ai perdu la mémoire
Ma tête sous le bras
Je m'en vais à deux pas
Madame vous tirer ma révérence
Je ne sais plus où j'en suis
Qui je suis
Je reçois mais n'émets plus
Allo allo j'écoute j'écoute
Non personne
Je ne sais plus
Je ne sais plus où j'en suis
Je croyais et ne crois plus

Seulement pour Toi   Dans les brumes du passé

La rosace a éclaté
palette de couleurs dans mon crâne
Pantins désarticulés
aux corps bleus
tombent lentement
d'un ciel sans couleur
Dans la cathédrale
Elle est au milieu
assaillie
flottant dans la brume
au milieu du chœur
inabordable
Et mes pas de résonner
Dans l'humidité des bas-côtés

Seulement pour Toi   Dans les brumes du passé

Le soleil du feu t'a brûlée
Non
Le soleil n'est plus le soleil
Encore moins le feu
Le soleil a éclaté
Ses morceaux retombent
brûlants et glacés
dans mes yeux
sur mes lèvres
Tes cheveux se sont évanouis dans la nuit
Mes mains fouillent désespérément l'univers
Le vent souffle
Il n'apporte que des débris
qui collent à ma peau
La colonne vertébrale gelée
Planté comme un piquet
J'attends
Il suffirait d'un mot
d'un geste
Le vent s'arrêterait
Les trains de rouler
Le soleil renaîtrait de ses cendres
Qui es-tu
Tendre bourreau

Seulement pour Toi   Dans les brumes du passé

Une tache sur un mur
Du sang s'étiolant sur une chemise
Un visage brûlé
Des lèvres informes
Un cœur bat
Une âme se débat
Un homme lutte
Des bombes tombent
Chacun s'écrie
scandale génocide
Mais là-bas les bombes tombent
L'enfer est sur terre
Les arbres défeuillés
Le sol souillé et rongé
Les villes ravagées
Les hommes massacrés
Pour une idée
Des hommes crient
Les bombes tombent
Encore les bombes toujours les bombes
Sans cesse les bombes
Des orphelins implorent
Les bombes tombent
Le cauchemar continue
Les bombes tombent

Seulement pour Toi   Dans les brumes du passé

Dans sa tombe l'homme gémit
Son repos troublé par les bombes
Il se tord dans une apothéose de napalm et de billes
Les bombes tombent
Un cri s'élève
Liberté
Les bombes tombent
Liberté liberté
Les bombes tombent
Mais le cri est plus fort que le bruit des bombes
Messieurs les généraux
Liberté liberté

Seulement pour Toi   Dans les brumes du passé

Ne rien dire
Se taire
Le poing dans la bouche
La bouche dans la poche
La poche au fond du cœur
Le cœur dans une boîte
Boîte à malice
Un sourire timide dans le gris monotone
Des carreaux gris jaunes sales
Deux homos c'est leur droit
Une brune au plafond
Une brune sur les murs
Une brune dans la rue
Une brune sur la table
Une brune sur les pieds
Une brune sur le cœur
Une brune sur la chaise
Une brune dans la poche
Une brune dans les arbres
Une brune dans les airs
Une brune dans la tête
-manège forain-
Danse danse
Jamais tu ne sauras
Obsession

Seulement pour Toi   Dans les brumes du passé

Sourire
Quel drôle de mot
Sourire en forme de larme
Sourire en guise d'adieu
Sourire glacé comme la mort
Sourire qui fait mal aux âmes tristes
Sourire lorsque tout s'en va
Sourire triste et amer
Sourire des derniers jours
Sourire au moment où tu te déchires
Sourire parce que tu veux me rendre libre
Sourire quand tu pleures en silence
Sourire une dernière fois
Sourire quand l'acier froid d'une lame passera sur mes poignets
Sourire lorsque le sang s'écoulera en fins ruisselets sur mes bras
Sourire du dernier instant quand mes paupières se fermeront à jamais
Sourire au sommeil d'une longue nuit qui ne sera pas suivie de réveil
Sourire sourire toujours sourire
Sourire
Quel mot amer
Sourire

Seulement pour Toi   Dans les brumes du passé

Un tube dans la trachée
L'air souffle dans les poumons
Les tissus irrités
Une quinte de toux
Le cœur se soulève
Une banquette en bois
dure
Les roues carrées du train
tapent tapent tapent
Deux yeux cernés de bleu
Un Polonais assassiné
Une voix grave
un peu rocailleuse
Les ragots
J'aimerais dormir
Le train file
La brume se dissipe
légèrement
pour retomber
ailleurs
Tapent tapent tapent
les roues
Mes yeux se ferment
Paris approche
Il faut y aller

Seulement pour Toi   Dans les brumes du passé

La grisaille se referme
La bête est prise au piège
Il n'y a plus rien
Qu'un train qui entre en gare

Seulement pour Toi	Dans les brumes du passé

Rien
Rien que le silence
Soleil narquois
Nuit étoilée
Rien
Rien que le vide
L'absence
Pas un mot
Pas un bruit
A tâtons
Je cherche
Un clin d'œil
Un message
Une voix
Un visage
Rien
Téléphone muet
Boîte aux lettres
Vide
Ma vie
Tu n'es pas là

Seulement pour Toi   Dans les brumes du passé

L'enfer
Plus rien
Une brosse à dents oubliée
Un tube dentifrice
La tête résonne
Les tempes battent
La tempête se déchaîne
Le vent arrache le cœur
La pluie noie l'âme
Les pieds s'enfoncent dans la vase
L'eau boueuse envahit la bouche
Suffocation
L'air manque
Lentement l'enlisement
Les mains désespérément s'accrochent
Décrochent
Glissent
Raccrochent
Glissent
Le vide
La chute
L'obscurité
La nausée
Glissent les mains
S'écorchent les doigts

Seulement pour Toi   Dans les brumes du passé

Les chairs saignent
Nerfs à vifs
Yeux exorbités
Poumons brûlants
Tympans crevés
La vielle carcasse vidée
Usée avant l'âge
Glisse glisse
Tombe
Rebondit
Se démantèle
Parsemant la montagne de débris
Tombe
Masse inerte
En bas
Au fond du gouffre
Rien
Qu'un enfer
Des êtres inhumains
Le néant

Seulement pour Toi   Dans les brumes du passé

Le soir tout ranger avant qu'il n'arrive
Puis la nuit
Petit
Les nuits sont longues
peuplées de cauchemars
Au secours elle arrive
La grand-mère
celle qui a giflé sa belle-fille
Fuite impossible
pieds englués dans une matière collante
bitume ou chewing-gum
Espace lumineux
trouée dans la nuit noire
Eclairs violents jaunâtres
Peur
Toujours la peur
Appels au-secours
Cris
Recroquevillé au fond du lit
Dégoulinant de sueur
Je me fais tout petit
Plus tard
A peine neuf ans
A table
Premier dîner avec lui

Seulement pour Toi   Dans les brumes du passé

Ne pas parler
Ne pas bouger
Ne pas se lever
Ne pas se resservir
Attendre l'ordre
Etre transparent
pour ne pas subir sa colère
ses réactions violentes
Seul maître égocentrique
Il m'a tué
Pour mes frères je ne sais pas
pour moi il m'a tué
Et elle
Complice silencieuse
involontaire
soumise
étouffante
de trop d'attention
Plus tard
Bien plus tard
J'ai compris
Mais il était trop tard

Seulement pour Toi   Dans les brumes du passé

La tempête
Les stores battent
Les cheminées cornes de brume
Nuit épaisse
Vagues gonflant des corps
Dans la nuit
Eléments déchaînés
Téléphone évanouit
Passé proche
Ne voulant pas devenir futur
Marionnette dans le vent
Les souris dansent
Dorment-elles seulement
Fleuve amer
Privé de sel
Yeux humides
De pluie et de larmes
Non ils sont secs
Endigués par quelques bienséances
Le corps veut éclater
Pareil à la tempête
Mais le silence
Se fait
Le silence

Seulement pour Toi   Dans les brumes du passé

Rien que le silence
L'angoisse
L'angoisse du non-dit
Chuchotis
Derrière la porte
Toute cette chair qui se tend
Ecoute
Ausculte
Diagnostique
Se trompe
Se reprend
Peut-être trompée
Par elle-même
Par d'autres
Le fantasme prend corps
Enfle
Gonfle
Centres nerveux en alerte
Que dit-on là-bas
Dans la nuit
Mensonges
Vérités
Dérive complète
Bouchon balloté
Emporté par les flots et le vent
Ecorché
Ecorché
Encore
Assez
Vérité ou fantasme
Corps refusé

Seulement pour Toi   Dans les brumes du passé

Courtoisie
Politesse
Hypocrisie
Corps refusé
Absence
Téléphone
Dos tourné
Tu as sommeil
Comme c'est bien dit
Embrasse-moi
Voilà
Aucune réponse
Piégé
Nuit longue
Le stylo meurtrit le papier
Le papier meurtrit les sens
Les sens meurtrissent le corps
Le cri monte
Monte avant d'être né
Il a si mal
Si mal
Si tu savais

Seulement pour Toi   Dans les brumes du passé

La fumée s'envole
Rêve en fumée
Dans le coton de l'alcool
Les fantômes dansent
Aux rythmes des bougies
Les pavés du boulevard résonnent
Au creux de l'ennui
De tes pas disparus
Echo dans ma tête
Une palette abandonnée
Un dessin inachevé
Manège forain
Sans fête ni musique
Les mots coulent
Dans le vide
Ils n'ont plus de sens
Vie déserte
Tambours voilés
Amour disparu
Envolé
Comme la fumée des bougies
Ni fleur ni couronne
Ni compassion
Elle est partie
La fumée emporte mes rêves amers

Seulement pour Toi   Dans les brumes du passé

Un verre
Un cigare
Un réveil sous les yeux
Ronron monotone des voitures
Des lettres s'étalent
Nulle nouvelle
Et l'esprit de tourner
Des questions
Sans réponse
Nul écho
Passent les heures
Les jours
La veillée continue
Téléphone bien sombre
C'est vrai qu'il est noir
Crépite la machine
Berce l'ennui

Seulement pour Toi   Dans les brumes du passé

Le carrousel du passé

Une voix de ténor
Paillasse
Minuit chrétien
Une voix que je n'ai jamais connue
Un violon endormi dans son étui
brûlé depuis
Un piano maintenant détruit
Le chant me dévore
Une voix qui hurle
Tais-toi
Silence
Un pauvre chien
traité de tête de holtz
descend l'escalier
à plat ventre
Noël
Un boogie-woogie au piano
rayon de soleil
éclairant cette longue déchirure

Seulement pour Toi   Dans les brumes du passé

Saint-Leu
Rue Voltaire
Un corbillard
Tout noir
A l'arrêt
Attelé à deux chevaux blancs
Ou peut-être noirs
Il y a si longtemps
Chacun d'eux orné d'un plumet noir entre les oreilles
Orné aussi le baldaquin avec un plumet noir à chacun de ses angles
L'attelage immobile attendait sagement
sa cargaison funèbre
Deux petits yeux au milieu de la rue
scrutaient l'ensemble peu commun
La mort rôdait toute proche
fascinante et terrifiante
conte pour enfants
chez les Crochard
à l'angle des rues Michelet et Voltaire
Toute une histoire
Une voix s'élève
Ce n'est pas un spectacle pour un enfant
Rentre
Fin de l'histoire
Soixante-dix ans ont passé

Seulement pour Toi   Dans les brumes du passé

Dans l'écheveau du passé
comment s'y retrouver
Arbre désillusionné
mutilé par les ans
film délavé
cher à nos cœurs
Tronc strié
rayé par les gifles
les humeurs maussades du temps
Mort simplement
Rochers ridés
creusés
fatigués du ressac des eaux
Toujours debout
Croix surplombant cette violence marine
où nombre de vaisseaux se sont perdus
engloutis par les flots
recouverts de sable
d'algues
inertes
Cimetière marin
Cimetière silencieux
Non comme les nôtres souvent battus par la pluie et le vent
exilés aux portes des villes
ou en plein champs

Seulement pour Toi   Dans les brumes du passé

comme si l'on n'en voulait plus
Tôt ou tard ils se retrouveront gangrénés par de modestes
habitations
Enfant je déambulais avec d'autres en ces lieux apaisés
Sous l'auvent de l'entrée
nichaient des hirondelles dans leur nid de paille
Le cimetière n'était pas mort
Il vivait
Sous les pierres de granit ne reposait que des squelettes
enveloppes vides
Leur âme les avait quittés depuis longtemps
Les stèles debout
répondaient à l'arbre
Témoin du temps passé
Ses bras dénudés
dressés face à l'océan
dans une ultime prière

Table des matières

Je suis ce que je suis 13

SEULEMENT POUR TOI

J'ai rencontré 17

Face cachée sombre et froide.. 19

L'oeil du peintre 20

Epilepsja 21

Les arêtes des murs.. 23

Je sortis dans la rue.. 24

Les bleues volutes montent.. 27

Naissance d'un spectacle 28

L'amour est une fleur vénéneuse... 30

Gardien des nuits étoilées et des aurores boréales.................. 31

J'étais dans la nuit à crier ton nom 32

Des rêves naissent... 33

Combien d'heures... 35

Une longue plainte dans la nuit 36

Pourquoi faut-il dans la vie.. 37

L'attente.. 38

Une main qui se tend 40

Il pleure de sommeil	41
Une licorne bleue chevauchée par une amazone aux seins blancs	43
Saoul	44
Libre	47
Requiem pour les artistes	48
Vivre	50
Mon verre d'eau est vide	52
La myrte et le romarin	53
Matka	54
Les projecteurs de la covid se sont allumés	56
Sous le soleil éclatant	58
Dementia Praecox	59
Le sommeil me manque	62
Amour toujours aussi grand	64
Tu es ma luciole	65
Si je devais nommer la folie	67
La douce brûlure du soleil sur ma peau	68
Les Inassouvis	69
Au matin une rose au cœur trop plein de rosée	70
Mon amour et mon nez se sont fracassés contre la porte vitrée	71
Le vent de la tempête s'est levé	72
Des jours sans soleil	73

Dans la boue des caniveaux 74
Sarah Kane 75
La marée redescend 77
Tu es venue sans faire de bruit 78
Le ciel cyrénéen laisse tomber ses pleurs 79
Dans le champ la vache rose est devenue grise 80
Le prisonnier de la covid tourne en rond 81
Plus rien 82
Un pas résonne 84
Etrange coïncidence 85
Bientôt les mimosas vont fleurir 86
La brûlure sur mon bras 87
La nature se fait lointaine 88
L'angoisse a disparu dans cette bouffée d'air frais 89
Que serait la vie sans passion 90
Plus je veux m'éloigner de la réalité 91
Douce la brise sur mon visage 92

NOSTALGIA

L'espérance folle dérive lentement vers la désespérance 97
R-exit 98
Minuit l'orage éclate 100
Recherche de « E » comme électron 102

Le ciel gris vient de se déchirer	104
Cette voix	106
Un éclat de lumière dans l'entrée	107
Je passais sur le trottoir opposé	109
Les jours passent	110
Tout se dilue dans la nuit	113
Asphyxié	114
Une lame grise déferle	115
Doucement la ville s'endort	117
La page blanche me dévore des yeux	119
Samedi d'avril	120
Dans les premières lueurs de l'aube	122
Enfin le retour	123
Le feu couve	124
C'est l'heure	125
Une peau douce et blanche	126
Boulevard Saint-Germain	129
Ciel plombé	130
La Dame du manoir	132
Vent d'est	133
Deux plaques tectoniques se heurtent	134
Tremblement de terre en Italie	136

Où es-tu	138
Il n'y a rien de pire que la trahison	139
Dans une douce pénombre je t'ai aperçue debout devant la scène	140
Les projecteurs ont déchiré les rêves grisonnants	141
Une sonate monotone ruisselle dans la rue grise,	142
La rame de métro flottait au-dessus des rails	144
Une voix claque dans l'obscurité	145
Des perles de rires s'envolaient	146
La distance n'altère pas les sentiments	147
Doucement ses yeux deviennent humides	148
Sous de lourds nuages verts à l'odeur sulfureuse	150
La nuit	151
Hanté	153
L'aiguille lentement grignotait les minutes	155
La petite puce est une pute	157
Un nid	158
L'ennui	159
La veille des pleurs annonciatrices	160
La lame glacée aux reflets bleutés	161
Quand je ne serai plus là peut-être reliras-tu le sonnet à Hélène	163
Lentement, lentement,	164
Un craquement	165

Hypocrisie	167
Telle la feuille arrachée à la branche par le vent	168
Silence	169
Dans la pluie j'ai lu ton nom	170
Jeu d'ombres	172
Le trait cinglant s'est planté	174
Si tu savais	175
A travers tes doigts il a vu la vie	177
Amour envolé	179
Désabusé	180
Je sonne	182
Mi déçu	184
Mal	186
La corrida touche à sa fin	188
L'âme déchirée d'un violon	190
Les hommes sont-ils plus fragiles que les femmes	191
Comme le rouge-gorge épiant	192
Il s'en va la tête basse	193
Double vie	197
Un jour	199
Le vide	200
Un éclat de verre	202

Absence	203
Ma peau à soif	205
Verse	206
Le grand mât est brisé	207
Que dire de plus	210
Les jours endeuillés au ciel obscurci par les fumées noires	212
Albi	213
Sablier 45	214
Tu m'as pris par le bras	215
Le vieil arbre et la petite fille	216

DANS LES BRUMES DU PASSE

Parfois il vaut mieux oublier le passé	221
La carapace du passé	222
Je me souviens	223
La cigarettes est revenue	225
La roue grince	226
Un trou rond rouge au milieu de la tempe	228
J'ai perdu ma clé	229
De la mousse dans ma bière	231
D'étranges pensées naissent	232
Je ne sais plus	236
La rosace a éclaté	237

Le soleil du feu t'a brûlée 238

Une tache sur un mur 239

Ne rien dire 241

Sourire 242

Un tube dans la trachée 243

Rien 245

L'enfer 246

Le soir tout ranger avant qu'il n'arrive 248

La tempête 250

La fumée s'envole 253

Un verre 254

Le carrousel du passé 255

Saint-Leu 256

Dans l'écheveau du passé 257

REMERCIEMENTS

A Daniel et Marie-Claire Cater, disparus trop tôt, qui m'ont toujours soutenu dans les moments difficiles de ma vie et furent mes premiers lecteurs.
Aux Editions BoD pour leurs précieux conseils.
Au docteur Frédéric Valéry qui implicitement m'a incité à remonter sur les planches et à reprendre l'écriture.
A Elizabeth Czerczuk, Docteure en art dramatique et cinématographique, metteure en scène, chorégraphe, comédienne et directrice du T.E.C. qui, lors d'une soirée poétique, a trouvé dommage que je ne publie pas mes textes
Bien sûr je n'oublie pas Nicole, ma femme, qui a relu et corrigé mes textes, et qui supporte mon caractère taiseux depuis tant d'années.
A mes filles, Sandrine et Ambre qui découvriront un peu plus leur papa.
A Zbigniew Rola comédien polonais dont j'admire le talent et le courage.
A mes frères, Bernard et Daniel.
Et à mes amis, peu nombreux, mais fidèles